Für meine liebe
Ellis

mit besten Wünschen
und lieben Grüßen

von Deinem

Pele

⇒ mein Vermächtnis

D1666067

9.2.2009

Dreizehn Biere und ein Schnaps

für Oliver und Susanne

Dreizehn Biere und ein Schnaps

von
Peter Weissflog

Bibliografische Information der Deutschen Nationalbibliothek
Die Deutsche Nationalbibliothek verzeichnet diese
Publikation in der Deutschen Nationalbibliografie;
detaillierte bibliografische Daten sind im Internet
über http://dnb.d-nb.de abrufbar.

© 2009 Peter Weissflog
Herstellung und Verlag: Books on Demand GmbH, Norderstedt
ISBN 978-3-8370-8963-9

Inhalt

VORWORT

Verloren im Alltag der Zeit ist nur der, der ständig weiter hastet, der seine Gedanken nie beurlaubt und nie mit ihnen eine Reise in das eigene Sein unternommen hat.

Insofern dient dieses Buch als Reiseführer in ein Land, das sehr verzweigt ist und weit in das Innere des ‚Ich' führt.

ERSTES BIER

Dieser Tag begann trostlos. Beim Aufstehen schmerzte mein linkes Bein: ein hinterhältiges Stechen im Kniegelenk. Als ich versuchte, den Schaden durch einige kraftvolle Kniebeugen zu beheben, rammte ich mit dem Ellbogen den Spiegel am Schlafzimmerschrank. Er blieb ganz, aber an meinem Ellbogen fühle ich jetzt noch den durchdringenden, elektrisierenden Schmerz. Missgelaunt beendete ich die Turnübungen und humpelte ins Bad.

„Von 8 Uhr bis 10 Uhr kein Wasser", - der Zettel hing am Spiegelschrank. Ich konnte mich wieder erinnern. Der Hausmeister hatte es gestern ganz groß auf dem schwarzen Brett im Treppenhaus angeschlagen. Ich schaute auf die Uhr. Es war halb neun. Da die Leute mir ständig beibringen wollen, dass ich nicht immer das Negative im Leben so hoch bewerten soll, dass ich mit einer, wie sie so schön sagen ,gesunden Portion Optimismus' an die Dinge herangehen soll, drehte ich kurzentschlossen den Wasserhahn auf, - obwohl es schon halb neun war. Ein gurgelndes Zischen erschreckte mich, und ein knackendes Poltern und Rasseln zog entlang der Rohrleitung durch das ganze Haus. Ein schmutziger Wasserrest prasselte durch den Druck der Luft wie ein Geschoss ins Waschbecken. Der kleine Funken Optimismus verließ mich wieder, und ein Gefühl von tiefer Depression floss durch meinen Körper: Ich wusste, dass dieser Tag für mich besonders trostlos werden würde.

Der Tisch, an dem ich sitze, ist nicht besonders sauber. Die Putzfrau pflegt nur mit einem nassen Scheuerlappen darüber zu wischen und lässt es hernach auftrocknen, ohne mit einem Tuch nachzureiben. Die feuchten Wasserspuren bleiben zurück, bilden letztlich ein hellgraues Gitterwerk auf der Tischplatte.

Ich hasse Selbstbedienungs-Restaurants, und trotzdem sitze ich jetzt hier. Das Bier, welches ich mir an der Theke geholt habe, wurde von einem absoluten Zapf-Laien eingeschenkt. Es quoll schäumend über und tränkte den Bierdeckel, der gierig den Saft in sich aufsog. Jetzt benutze ich den feuchten Filz als Schreibgerät und male schlangenförmige Linien in das graue Gitterwerk auf dem Tisch.

Es sind Rundungen und Schleifen, die sich kreuzen, sich verbinden, sich umschlingen, sich verästeln, sich verknüpfen, bis alles in einem einzigen Knäuel endet.

Das ist auch meine eigene Situation. Wo soll man da beginnen, wenn man diesen Knäuel wieder entwirren will? Warum überhaupt haben sich all diese Verwicklungen ergeben? Die Welt ist gegen mich! Diese klare Erkenntnis beruhigt mich für einen Augenblick. Ich nehme das Bierglas und trinke einen Schluck. Es ist wie eine Belohnung dafür, dass ich bereits den Anfang für die Auflösung meines Knäuels gefunden habe: die Welt ist gegen mich!

Ich stelle das Glas wieder ab, genau in dem Mittelpunkt aller Linien auf meinem Tisch. Die Welt muss sich ändern! Ich muss die Welt davon überzeugen, dass sie sich anders zu verhalten hat, mir gegenüber, - und wenn ich sie dazu zwingen muss. Wie kann ich das erreichen? Welchen Zwang kann ich ausüben? Ich trinke noch einen Schluck Bier, gleichsam als Stärkung vor der großen Tat. Über den Rand des Glases hinweg blicke ich durch die Fensterscheibe hinaus auf das geschäftige Treiben.

Ausgerechnet in das dichteste Getümmel habe ich mich gestürzt, wo es doch für mich besser gewesen wäre, einmal mit meinen Gedanken allein zu bleiben. Aber der trostlos begonnene Tag sollte auch trostlos fortgesetzt werden! Ich fuhr in die Stadt, mischte mich unter die hastenden Menschen, tauchte in diesem Getümmel unter. Ich hatte viel vor: Erledigungen, Besorgungen, Hektik und Hast. Denn ich wollte den freien Tag nutzen, der sich für mich zufällig ergeben hatte. Eine ganze Liste von Aufgaben füllte meinen Tagesplan und schickte sich an, mich zu erdrücken.

Der Verkehr ist ins Stocken geraten. Laut und durchdringend tönen einige Autohupen, schrecken mich aus meinen Gedanken hoch. Tauben flattern aufgeregt davon, steigen durch den bläulichen Benzindunst hinauf gegen den Himmel. Menschen schlängeln sich durch die kreuz und quer stehenden Fahrzeuge hindurch, überqueren die Straße. Eine Frau zerrt zwei kläffende Hunde an meinem Fenster vorbei. Ich beuge mich etwas vor und will sehen, warum denn die Hunde so außer sich sind, da schiebt sich ein Kinderwagen in mein Blickfeld und die nachfolgende Mutter verdeckt mir vollends die Sicht.

Meine Augen suchen nach dem Baby im Wagen. Welcher Zukunft mag es wohl entgegengehen? Ein Leben in einer von Auspuffgasen zerfressenen Luft, dicht auf dicht zusammengedrängt mit seinen Mitmenschen, ständig bemüht, die Aggressionen gegenüber dem Nächsten zu unterdrücken, brav und artig in der Schlange, sich bloß nicht vordrängen, bloß nicht den anderen mit dem Ellbogen wegschubsen, denn der könnte dann zurückschlagen. Friede für alle! Keiner soll dem anderen ein Leid zufügen, und trotzdem soll die Welt so beschaffen sein, dass jeder sich nach freiem Willen entfalten kann.

Ich beobachte die wütenden Gesichter der im Stau eingeklemmten Autofahrer. In dieser Situation einfach aussteigen können, das Auto stehen lassen, weggehen, sich einfach nicht mehr darum kümmern müssen, wegfliegen nach oben wie die Tauben: das habe ich mir schon oft gewünscht. Ich kenne keinen, der einmal sein Auto einfach zurückgelassen hätte. Auch ich hatte nie den Mut dazu. Man müsste ja befürchten, für verrückt erklärt zu werden. Und dann?

Immer schön normal bleiben! Ich nehme mein Bierglas aus dem Knäuel heraus und stelle es artig wieder auf den Bierdeckel. Die runden, verschlungenen Linien auf der Tischplatte sind eingegrenzt durch einen Kreis, der durch das Abstellen meines nassen Glases verursacht wurde. Mein Knäuel wurde dadurch irgendwie flächig, wie ein imaginärer Bierdeckel, die scheinbar dritte Dimension ging verloren.

Ich beuge mich etwas nach unten, bewege den Körper dann leicht nach hinten, beobachte so die Spiegelungen in den eingetrockneten Konturen auf dem Tisch. Plötzlich sehe ich eine Spirale, und sie dreht sich, je nachdem, wie ich meinen Körper bewege. Eine Spirale, die nach unten läuft, mich in die Tiefe zieht. Ich spüre es deutlich, wie der Boden unter mir wegrutscht, wie ich der Tiefe entgegenfliege, abstürze, nach unten falle.

Das leise Brummen der vielen stehenden Fahrzeuge draußen wird für mich zu einem sphärischen Klang, wie das flatternde Zischen eines Hängegleiters, der zu Tal stürzt. Das vereinzelte Hupen der Autos klingt wie ein weit entferntes Martinshorn eines Rettungs-Wagens. Ich will fallen, will mich voll hineinversenken in diesen Flug in die Tiefe, bin gespannt auf das Ende; denn irgendwo muss Ende sein, weil alles ist begrenzt.

Eine Hand mit einem Putzlumpen schiebt sich in mein Blickfeld, wischt über meine Spirale hinweg, beseitigt meinen Traum, bevor ich das Ende erreichen kann. Ich schrecke auf und greife wie automatisch an mein Bierglas und an den Bierdeckel, hebe beides hoch, damit die eilfertige Putzfrau den ganzen Tisch reinigen und alle Zeichen meiner individuellen Tätigkeit vollauf entfernen kann. Sie belohnt meine Diensteifrigkeit mit einem breiten Lächeln, das Dankbarkeit signalisieren soll. Ich nicke zurück, und staune dabei über mich selbst, als meine Gesichtszüge sich ebenfalls zu einem Lächeln verziehen. Welch wohlerzogener Mensch ich bin! Wie richtig und normal ich mich in jeder Situation verhalte! Meine Automatik funktioniert!

Die Putzfrau lässt mich an meinem nassen Tisch zurück. Ich will meine Arme nicht aufstützen, und auch das Bierglas will ich nicht zurückstellen. Mir graut vor der Nässe. Es riecht nach Moder. Ich möchte aufstehen und dieses Lokal verlassen.

Ratlos sitze ich da, bis schließlich der Wunsch, das Bier auszutrinken, überwiegt. Ich stelle das Glas wieder hin. Dabei verfängt sich mein Blick in den neu entstandenen Linien, die jetzt langsam antrocknen. Diesmal sind es markante Striche, die parallel verlaufen, in einem eleganten Bogen nach oben, bis zu einem Scheitelpunkt, wo sie sich mit anderen Linien treffen und dann fast symmetrisch wieder nach unten fallen. Ich muss an eine Frisur denken, an gekämmte Haare, und blicke hinüber an die Theke. Die blonde Dame dahinter ist genauso frisiert. Es ist die neueste Mode, der letzte Schrei.

Die Linien auf meinem Tisch decken sich exakt mit dem Strich ihrer Haare. Ein Aufschrei der Verwunderung drängt sich mir auf. Doch meine Automatik verhindert ihn.

Die Dame entleert einen großen Topf mit Gulaschsuppe in den dafür vorgesehenen Speisebehälter vorn an der Selbstbedienungstheke. Die braune, klobige Masse wälzt sich dampfend über die Kante des Topfs nach unten. Ich habe keinen Hunger. Jetzt erst recht nicht. Ich beschließe zu gehen, bevor der große Ansturm zum Mittagessen losgeht.

Stockend setzt sich der Verkehr draußen wieder in Bewegung. Meter für Meter rücken die Autos nach vorne. Noch immer hasten einige Fußgänger zwischen den Fahrzeugen über die Straße. Wie unwirkliche Schatten tauchen Menschen vor meinen Fenster auf und huschen vorbei. Nur die Scheibe trennt mich von dem Tumult da draußen. Das ist also die Welt, die ich ändern will, die ich zwingen will, sich zu ändern?!

Gerne würde ich einen von diesen Schatten an meinem Fenster ansprechen und dazu bewegen, stehen zu bleiben, auf mich zu hören. Doch es würde mir nicht gelingen. Alles läuft ab nach einem scheinbar gewollten und geplanten Bewegungsablauf; die Autos, die Menschen, die Tauben, die Hunde. Der Plan einer allwissenden Schöpfung kann es nicht sein!

Ich beobachte die Gesichter der vorbeihastenden Menschen, sehe in Missmut und Depression versteinerte Fratzen. Nirgendwo Freude, Zufriedenheit, Ausgelassenheit. Die

Menschlichkeit ist schon lange erstickt in den blechernen, chromblitzenden und plastikpolierten Statussymbolen unserer Konsumwelt.

Herzlichkeit und Nächstenliebe verpuffte in bleivergifteter Luft, während Härte und Hass ihren Platz einnehmen. Es ist der zwingende Plan eines Systems, das uns beherrscht. Höhere Gewinne durch steigende Leistung, Weckung von immer mehr und größeren Wünschen und deren Erfüllung. Zurück bleibt Abfall und Schrott, nicht nur Materie, sondern auch Mensch.

Plötzlich sehe ich mich entrückt in ein fernes Niemandsland, frei schwebend in einem Nichts, ausgeklammert aus dem Geschehen. Die Scheibe des Fensters vor mir trennt mich von der Wirklichkeit. Ich kann die Abläufe draußen steuern, einmal irrsinnig langsam, dann wieder wahnwitzig schnell.

Die Geräusche jaulen krächzend, dann quietschen sie grell. Die Bleche der Autos verschmelzen zu einer Masse. Sie schieben sich ineinander, die Farben verfließen. Die blitzenden Chromteile leuchten wie Sterne, flammen auf und verglühen. Die Menschen werden aufgesogen von dem flüssigen Brei, beginnen zu schwimmen.

Es bildet sich ein Strom; er beginnt zu fließen, schneller und schneller. Die Menschen werden mitgerissen, versinken in den farbig schäumenden Fluten. Die Wellen spülen an den Hauswänden entlang, hinterlassen dort bunte, glitzernde Spuren. Die Sonne bricht sich in den Schaumkronen und lässt die bunten Farbspritzer schillernd glänzen.

Plötzlich schiebt sich ein riesiger Kreis vor das strahlende Licht. Ich blicke gebannt in das schattige Halbdunkel:

das Gesicht eines älteren Mannes lächelt mich an. Es ist von himmlisch strahlender Sanftheit und Güte. Ist es der liebe Gott?

Der alte Mann vor der Fensterscheibe hat erkannt, dass ich aus meinen Träumen erwacht bin. Mein seltsam verklärtes Aussehen scheint ihn auf mich aufmerksam gemacht zu haben.

Er winkt mir zu, lacht über das ganze Gesicht und geht weiter.

Es scheint, als habe er mich für verrückt gehalten. Er ist der erste Mensch, der bemerkt hat, dass ich nicht normal bin. Eines Tages musste mir das passieren. Von jetzt an weiß ich, dass ich auf der Hut sein muss!

Ich versuche, zu meinen Gedanken zurückzufinden und starre nach draußen auf den Verkehr, der wieder mit unverminderter Heftigkeit vorbeitobt.

Plötzlich denke ich an meine Erledigungen, an das, was ich mir für diesen trostlosen Tag vorgenommen hatte.

Eine gewisse Freude, ein Gefühl von anheimelnder Vertrautheit befiel mich, als ich das Kaufhaus betrat. Vielleicht war es auch nur der Geruch von Kaffee, der diese Regung in mir hervorrief, denn ich hatte noch nicht gefrühstückt. Dies wollte ich in der Cafeteria, gleich unten neben dem Haupteingang nachholen. Denn manchmal liebe ich es, auswärts zu frühstücken, besonders wenn die Tage zu Hause so trostlos beginnen.

Ich bestellte Kaffee, und ein knuspriges Croissant. Die endlos lange Wartezeit, die darauf folgte, stürzte mich erneut in schwere Konflikte, und mein Vorwurf, dass ich zu Hause hätte Kaffee kochen sollen, schien absolut berechtigt.

Doch schließlich erreichte mich meine Bestellung, und der Tag war gerettet, wenigstens für einige Augenblicke.

Denn gerade als ich voll Wonne in mein Croissant biss, trat mit einem lauten „Hallo" ein Berufskollege, den ich gottlob schon längere Zeit nicht mehr gesehen hatte, an meinen Tisch. Er begrüßte mich auf das allerherzlichste, freute sich riesig, mich getroffen zu haben, und setzte sich ungebeten neben mich.

Schon hatte ich Angst, dass er an meinem Gebäck knabbern würde, während meine Hände mit der Kaffeetasse beschäftigt waren, doch er beschränkte sich darauf, mir von seinen beruflichen und privaten Fortschritten zu berichten. Ich begeisterte ihn mit gelegentlichen „Ja?" und „Wirklich?" und „Soso ..." und „Aha", sowie mit beifälligem Nicken, während ich darüber nachdachte, wie ich ihn wieder loswerden könnte.

Als er sich schließlich auch noch anbot, mich bei meinen Erledigungen zu unterstützen und mich zu begleiten, entschuldigte ich mich und entwich auf die Toilette. Von dort aus gelang es mir dann, ungesehen zu entkommen, nachdem ich heimlich bei der Kellnerin meine Rechnung beglichen hatte.

Zurück blieb ein schlechtes Gewissen, das mich bis jetzt noch belastet, besonders, wenn ich daran denke, was für wichtige Dinge er mir wohl noch mitgeteilt haben mag, - ich hatte ja nicht zugehört - , und in welche Situation ich wohl später einmal gelangen könnte, wenn er diese Mitteilungen an mich in einem anderen Zusammenhang voraussetzen würde. Darüber hinaus beschäftigte mich mein heimliches Verschwinden. Dafür werde ich mir noch eine

Erklärung einfallen lassen müssen.

Wenn er jetzt plötzlich hier vor dem Fenster auftauchte? Nicht auszudenken! Ich müsste in den Erdboden versinken.

Meine Gedankengänge sind plötzlich jäh unterbrochen. Ich beobachte die vorbeigehenden Leute und erschrecke jedes Mal, wenn einer kommt, der ihm ähnlich ist. Ausgerechnet diesen Platz hatte ich mir aussuchen müssen! Ich sitze hier wie auf einem Präsentierteller.

Schnell trinke ich mein Bier aus, stehe auf und wende mich dem Ausgang zu. In den Augenwinkeln beobachte ich, wie die eilfertige Dame mit dem Putzlumpen bereits mein leeres Glas entfernt und beflissen wieder über den Tisch wischt. Meine Anwesenheit ist ausradiert, ich kann gehen. Keiner verabschiedet mich. Mein Platz wurde in Sekundenschnelle vorbereitet für den nächsten Gast.

Eigentlich wäre es interessant zu wissen, wie viel Menschen an einem Tag an meinem Tisch sitzen, was sie denken, tun und sprechen. Meine Gedanken lassen mich verharren. Ich stehe schon zu lange neben dem Ausgang, befürchte, dass es auffällt.

Schnell greife ich in meine Taschen und gebe vor, nach etwas zu suchen. Eine reine Verlegenheitsgeste! Es ist, als wäre ich festgewachsen. Ich bin nicht fähig, einen Entschluss zu fassen. Ich will nicht nach draußen, ich will aber auch nicht hier drinnen bleiben.

„Wollen Sie noch ein Bier?" ruft die blonde Dame hinter der Theke. Ich zucke zusammen wie nach einem Donnerschlag. Das hatte ich nicht erwartet! Angesprochen wurde ich in einem Selbstbedienungsrestaurant noch nie.

Blitzschnell schießen mir die Gedanken durch den Kopf: Was bezweckt sie damit? Will sie etwas von mir? Findet sie mich nett? Gefalle ich ihr? Erstaunt blicke ich sie an, unfähig, etwas zu sagen.

„Fehlt Ihnen was? Haben Sie etwas verloren?" schießt sie mich an.

„Nein, nein", antworte ich. „Wie kommen Sie darauf?"

„Weil Sie in Ihren Taschen herumsuchen, ... deshalb!"

Nun bin ich ertappt. Ich muss mich geschickt aus der Situation herausreden. „Ich suche nur, ... nur nach meiner Geldtasche", stammle ich, und ziehe sie heraus. „Hier, jetzt habe ich sie gefunden!"

Die Dame starrt mich nachdenklich an. Ihr Blick durchbohrt mich. Gleich wird sie wieder sprechen. Ich muss ihr zuvorkommen.

„Geben Sie mir doch noch ein Bier!" fordere ich sie auf. „Ich trinke noch eines."

Mit einer lässigen Bewegung tritt sie wortlos an den Zapfhahn und hält ein Glas darunter.

ZWEITES BIER

Ich suche nach Kleingeld und lege den Betrag abgezählt auf die Theke. Schon wieder schäumt das Bier über und rinnt am Glasrand nach unten. Wut steigt in mir hoch. Ich will die Dame darauf ansprechen. Doch als ich ihrem bohrend fragenden Blick begegne, verzichte ich lieber darauf. Sie greift nach den Geldstücken, zählt sie ab und lässt sie in das Kleingeldfach ihrer Kasse plumpsen. Dann schiebt sie mir das tropfnasse Bier herüber, weil ich immer noch nicht danach gegriffen habe.

„Bitte sehr, ... wohl bekomms", sagt sie mit eisiger Miene, ohne ein Lächeln.

Ich antworte nicht. Widerwillig greife ich nach dem Glas, nehme dabei keine Notiz von der Dame, drehe mich gleich um und wende mich den Tischen zu.

Der Platz von vorhin, am Fenster, gefällt mir am besten. Ich gehe darauf zu und setze mich. Meine Überlegungen waren umsonst: der nächste Gast, der hier sitzt, bin ich selbst. Ich muss darüber lächeln und starre auf die neuen Wischspuren, die sich im Glanz der Tischplatte abgebildet haben.

Keine Assoziation entsteht. Die Linien interessieren mich nicht mehr. Mir ist plötzlich, als hätte sich meine Person gewandelt, als wäre ich ein anderer geworden in der kurzen Phase, in der ich am Ausgang verharrte. Es ist mir, als wäre ich neu hier, eben erst hereingekommen in dieses Restaurant. Ich suche nach einem trockenen Bierdeckel und stelle mein Glas darauf. Ich will gar nicht trinken.

Warum muss man immer etwas bestellen, wenn man

in einem Lokal sitzen will? Es kann doch auch gut sein, dass ich nicht hungrig bin, und auch nicht durstig, sondern nur sitzen will, in Ruhe mich ausruhen und nachdenken. Ich würde auch dafür bezahlen wollen, wenn ich könnte. Nun gut. Ich habe für das Bier bezahlt, doch ich muss es deshalb nicht trinken. Es kann genauso gut auch stehen bleiben.

Ich wende mich ab und blicke hinaus auf die Straße.

Komisch, - jetzt ist die Angst vorbei. Ich bin mir ganz sicher, dass mein Berufskollege hier und jetzt nicht auftauchen wird. Ich weiß plötzlich, dass er im Büro sitzt, an seinem Schreibtisch. Wo sonst sollte er um diese Zeit denn sein?

Irgendwann strebt jeder Mensch nach einem geordneten, geregelten Ablauf seines Lebens, spätestens wenn das jugendliche Aufbegehren vorbei ist. Dann hat es ihm die Sicherheit angetan.

Was ist das? Die Regelmäßigkeit der monatlichen Bezüge? Ja. Natürlich. Und darüber hinaus die Sicherheit, diese Bezüge auch auf Jahre hinaus garantiert zu haben; nicht nur für einige Jahre, nein für das ganze Leben, bis ins Rentenalter. Und dann die Rente: möglichst hoch und natürlich gesichert. Das wär's also. Damit steht dem Glück nichts mehr im Wege.

Man wird Teil einer Maschine, ein kleines Zahnrad des großen Karussells, das sich mit uns immer schneller werdend dreht. Die Tätigkeit, welche wir für den sicheren Erhalt unserer Bezuge verrichten, ist monoton, auch wenn wir uns immer wieder einreden wollen, wie interessant unser Beruf ist, und wie sehr er uns ausfüllt.

Mit eiserner Selbstdisziplin stürzen wir unseren Körper in eine Tätigkeit, die ihm meist tief zuwider ist. Unsere Vernunft besiegt jeden Widerstand. Wie bei allen Geschöpfen ist der Wille zum Überleben auch bei den Menschen der stärkste Antrieb, ein Trieb, der in der festen Überzeugung gipfelt, allein die Sicherheit eines geregelten finanziellen Einkommens sei auch der Garant dafür, am Leben zu bleiben. Es ist fast so, als würde jeder, der diese höchste Maxime unseres Seins verlässt, dem Hungertod ausgeliefert sein.

Wie ist das eigentlich, wenn man verhungert? Ich habe nur selten in meinem Leben Hunger verspürt, und auch nur dann, wenn ich mich selbst zwingen musste, wieder einmal einige Pfunde abzunehmen. Man zeigt uns im Fernsehen die ausgehungerten und abgemagerten Kinder in Afrika und in Asien, meist zu einer Zeit, wo wir selbst gerade beim Abendessen sitzen. Ich spüre dann immer so etwas wie ein schlechtes Gewissen, doch schnell verblassen die Bilder wieder und neue strömen auf mich ein.

Es ist möglich, aber schwer vorstellbar, dass auch in unserer Gesellschaft jemand verhungert. Warum also die Sicherheit, wenn man auch so überleben kann? Ach, ich verstehe: Leben und Leben ist zweierlei. Es geht gar nicht um das Überleben, sondern um das bessere Leben.

Wer gut leben will, muss auch gut arbeiten. Und wer ein gutes Leben führen kann, der will ein besseres Leben führen. Schließlich gibt es genügend Vorbilder dafür. Doch wo ist das Vorbild, das uns zeigt, wie ein besseres Leben uns glücklicher machen kann? Ich kenne es nicht. Solange ich den Kopf in den Sand stecke und meiner geregelten Tätigkeit nachgehe, vermisse ich nichts. Doch wenn ich einmal vom Fließband des Alltages herunterspringe und einen Augenblick im Nichts verweile, dann spüre ich ganz deutlich, dass ich im Wettlauf um den Erwerb von Konsumgütern verlieren werde, dass ich im Alltag davon treibe von einem hellen, warmen Gebilde, welches ein Empfinden von Behütetsein und Glück ausstrahlt.

Kaum einer in unserer Gesellschaft verhungert körperlich, manch einer aber geistig. Viele meiner Mitmenschen hat man bereits um den Verstand gebracht. Ein echtes, durchströmendes Glücksgefühl ist ihnen unbekannt und jegliches Empfinden dafür ist abgestorben. Und das ist schlimmer als der Hungertod.

Sie marschieren für den Frieden, obwohl es keinen Krieg gibt. Sie demonstrieren gegen die Atombombe, obwohl alle Staaten ihre Anwendung ablehnen. Doch keiner wehrt sich gegen die Unmenschlichkeit eines Systems, das unseren Verstand tötet und unsere Gefühle verbannt!

Ich greife nach meinem Bier und trinke einen Schluck.

Wir werden an unseren Abfällen ersticken, unsere Flüsse vergiften. Unsere Wälder werden Absterben. Unsere Rohstoffe werden versiegen. Das Fleisch der Tiere wird ungenießbar werden. Und trotzdem wird jeder einzelne von uns immer noch nach einem besseren Leben streben. Nur wird dann offensichtlicher werden, dass jeder für sich, auf Kosten der anderen, nach seinem eigenen Vorteil strebt.

Der letzte Liter Benzin wird nicht verkauft werden: der Stärkere wird ihn bekommen. Die letzte Kohle wird nicht gerecht verteilt werden: der mit den besseren Beziehungen wird sie bekommen. Der letzte warme Wollmantel wird zerrissen werden von den gierigen Händen der Frierenden. Und wenn die Regale in den Lebensmittelläden erst einmal leer sind, dann werden die Hungernden wie Furien aufeinander losgehen, und das edle Gerede von Friede und Freundschaft, von Brüderlichkeit und Volkerverständigung wird vorbei sein. Die Überbevölkerung ist die Katastrophe, die auf uns zukommt, und nicht die Atombombe!

„Entschuldigung, ist hier noch frei?" Eine junge Dame steht mit ihrem Essenstablett vor mir. Sie will mir gegenüber Platz nehmen. Ich nicke nur, bin vollkommen aus meinen Gedanken gerissen. Sie setzt sich.

Ich habe gar nicht gemerkt, dass sich das Restaurant inzwischen gefüllt hat. Mittagszeit. Alle Tische sind besetzt. An der Theke steht dicht gedrängt eine lange Menschenschlange. Die blonde Frau an der Ausgabe saust eifrig hin und her und füllt die Teller. An der Registrierkasse sitzt jetzt ein älterer Herr. Hinter den Zapfhähnen hantiert auch jemand herum. Ich kann sein Gesicht nicht erkennen.

Mein Blick kreist durch das Restaurant. Überall sitzen eilige Menschen, leicht vornüber gebeugt, und schaufeln ihre Mahlzeiten in sich hinein. Kaum haben sie den letzten Bissen verdrückt, stehen sie auf und gehen. Der dienstbeflissene Geist mit dem Wischtuch hat alle Hände voll zu tun und beschränkt sich darauf, die Tabletts mit den Essensresten zu entfernen.

Ein suchender Blick eines Gastes trifft mich. Er macht mich unsicher. Ich spüre, wie er, mit seinem vollen Tablett in der Hand, mich abschätzt, darüber nachdenkt, ob ich nicht bald verschwinden werde, wo ich doch nur ein Glas Bier vor mir stehen habe. Ich müsste mir nun wohl auch noch etwas zu essen kaufen, wenn ich auch weiterhin ein Recht auf meinen Platz behalten will?!

Ich versuche nicht daran zu denken und betrachte mein Gegenüber. Die junge Dame hat artig ihre linke Hand neben dem Tablett auf dem Tisch liegen. Ihre Fingernägel leuchten rot und laufen spitz nach vorne zu. Die andere Hand stochert mit der Gabel in einem Gericht herum, - ich glaube es ist Reisfleisch. Hastig führt sie die aufgespießten Happen zum Mund. Die rote Schminke ihrer Lippen färbt sich auf die Gabel ab. Ihre Haare wölben sich lockig um das Gesicht. Die Augen sind intensiv geschminkt, besonders die Augendeckel haben einen seltsam leuchtenden Glanz. Ich sehe es ganz deutlich, denn die Augen der Dame sind meist steil nach unten gerichtet, auf das Essen.

Jetzt bemerke ich, dass die Augenbrauen an einer Stelle rasiert sind. Mit einem Farbstift wurde eine rundlichere Linie geschaffen, als diese von der Natur vorgegeben war.

Es läuft mir kalt über den Rücken. Ich stütze mich auf den Tisch auf und rutsche mit dem Gesäß auf der Sitzfläche hin und her. Dies scheint mein Gegenüber bemerkt zu haben. Sie blickt hoch, klappt das wundersame Geschiller ihrer Augendeckel zurück und strahlt mich mit blitzenden Augen an.

Ich versuche ein Lächeln. Sie erwidert es. Es schaut komisch aus, wenn ihr vom Lippenstift verschmierter Mund sich zu einem Lächeln verzieht. Sie merkt, dass außer einem Lächeln nichts weiter von mir kommt, und wendet sich wieder dem Reisfleisch zu.

Jetzt sehe ich im Ausschnitt ihrer Bluse ein zierliches Kettchen, an dem eine goldene Rose hängt. Durch den dünnen Stoff schimmert verführerisch ein spitzenbesetzter Büstenhalter. Am Armgelenk trägt sie eine goldene Uhr. Natürlich digital.

Sie scheint zu spüren, dass ich sie mit meinen Blicken förmlich durchbohre. Wieder blickt sie mich an. Diesmal glaube ich, einen fragenden Ausdruck in ihren Augen zu sehen. Es ist mir peinlich. Ich weiche ihrem Blick aus und schaue hinaus auf die Straße.

Vielleicht sollte ich sie ansprechen. Was könnte ich sagen? Wie sollte ich anfangen? Vielleicht sollte ich sagen: „Schmeckt es Ihnen?" Dann würde sie antworten: „Ja, danke."

Ich könnte fragen: „Essen Sie öfters hier?" Sie würde vielleicht antworten: „Ja, manchmal." Es ist mir egal, ob sie manchmal hier isst, oder nicht. Wozu also soll ich sie fragen? Viel lieber würde ich ihr ins Gesicht schreien, dass sie genau der Prototyp eines Weibchens ist, so wie unsere Werbung sich das vorstellt.

Eine arme, verführte Frau! Brav und artig hat sie auf ihr Glück hingearbeitet: die Farbe im Gesicht, die Tortur beim Friseur für die Lockenpracht, das Kettchen am Hals und die goldene Uhr, der verführerische Büstenhalter. Sie hat ihre Wünsche aus den Vorbildern in den Zeitschriften entwickelt, hat dafür gearbeitet, damit auch Sie es sich leisten kann. Kein Funken einer eigenen Persönlichkeit ist mehr vorhanden. Sie bildet ihre Vorbilder ab, und wird selbst wieder zum Vorbild für andere. Ihr eigenes Ich ist auf der Strecke geblieben. Die nach unten gezogenen Mundwinkel deuten darauf hin, wie es mit dem Glücklichsein und der eigenen Entfaltung bestellt ist.

Männer finden solch eine Erscheinung schön und begehrenswert. Ich bemerke einige Blicke von Passanten, die im Vorbeigehen an meinem schönen Gegenüber hängen bleiben. Vielleicht ist dieser Verschönerungsaufwand wirklich notwendig? Eine Blume entfaltet ihre farbigen Blüten, um damit die Bienen anzulocken. Vielleicht müssen Frauen sich bunt anmalen, um dadurch Fortpflanzung erst möglich zu machen! Eine verrückte Idee! Ich nehme mir vor, später noch einmal darüber nachzudenken.

Mein Gegenüber ist mit dem Essen fertig. Sie trinkt jetzt einen Schluck Orangensaft. Gekonnt, wie sie damenhaft an dem Glas nippt. Jetzt zieht die Zigaretten heraus, nimmt eine, sucht nach Feuer. Dabei wirft sie einen Augenaufschlag nach mir. Ich habe keine Streichhölzer. Bin Nichtraucher. Sie findet Ihr Feuerzeug, schnippt lässig daran und zündet die Zigarette an. Dann lässt sie das Feuerzeug wieder in ihre Handtasche gleiten.

Nun wird die Spannung für mich unerträglich. Sie sitzt mir gelassen gegenüber, zieht an ihren Glimmstängel und starrt mich an. Ich weiche ihrem Blick aus, verfange mich gleich darauf wieder in ihren Augen. Es muss etwas geschehen! Ich greife nach meinem Glas und trinke einen Schluck. Doch gleich darauf spüre ich wieder diese Spannung. Sie wird übernatürlich stark. Ich strecke mich ganz unauffällig, hole tief Luft und beginne zu sprechen.

„Hat es geschmeckt?", sage ich. Meine Stimme klingt belegt. Ich huste kurz.

„Ja, danke", antwortet sie, zieht an der Zigarette.

„Essen Sie öfters hier?", setze ich das Gespräch vor.

„Ja, manchmal", antwortet sie knapp. Ein kaltes Lächeln huscht über ihr Gesicht. Fast glaube ich, dass sie mein Gespräch stört, dass es ihr lieber gewesen wäre, ich hätte sie

nicht angesprochen. Oder ist es eine bestimmte Verhaltens-
weise, die sie mir vorspielt, irgendwo abgeschaut, wie alles
andere, mit dem sie sich umgibt?

Ich erinnere mich, ähnliche Frauentypen schon in Filmen gesehen zu haben. Der Typ von Frau, die er mir jetzt
antworten würde: „Willst du mich anmachen, Kleiner?"
Kühl und gelassen, von oben herab. Damit bloß kein Mörtel
abbricht, auf der erstarrten Haut.

„Wiedersehen", sagt sie, drückt die halb geraruchte Zigarette in den Aschenbecher, nimmt ihre Handtasche und
steht auf.

„Wiedersehen", murmele ich hinterher. Gleich darauf
ist sie im Gewühl verschwunden. Ich greife gedankenverloren nach meinem Glas und bemerke, dass es fast leer ist. Mit
einem Schluck trinke ich es aus.

Nach einigem Nachdenken gelange ich zu der Überzeugung, dass dieser Tag noch für einige denkwürdige Ü-
berlegungen gut sein könnte. Ich beschließe, mir noch ein
Bier zu holen.

DRITTES BIER

Leider bemerke ich sehr bald, dass diesmal nicht so leicht an ein Bier zu kommen ist, wie vorher. Ich muss mich in die Schlange der hungrigen Mittagsgäste einreihen.

Vor mir steht ein älteres Ehepaar. Ich sehe an den E-heringen, dass sie verheiratet sind. Sie fuchteln ständig mit den Händen herum und zeigen auf die beleuchtete Glasplatte oben an der Wand, auf der die verschiedenen Speisen ange-schrieben sind.

„Ich esse Schweinebraten", sagt er.

„Wenn du schon nicht zu Hause kochst, dann esse ich, was ich will", gibt er zurück.

„Iss doch Reisfleisch, das bekommt dir besser", meint sie.

„Ich esse Schweinebraten". Er stampft mit dem Fuß auf den Boden.

„Oder Fischfilet? Das ist gesund und sehr be-kömmlich." Sie säuselt ihm ins Ohr.

„Lass mich endlich in Frieden!" Er hat es wütend hin-ausgerufen, seine Frau dabei ein wenig zur Seite gestoßen. Die Leute drehen sich um, starren die beiden an. Das ge-nügt, um sie zum Schweigen zu bringen. In ihren Gesichtern sieht man, wie sie die Wut hinunterschlucken.

‚Bis dass der Tod euch scheidet' heißt es. Ein manch-mal qualvolles Gesetz, wenn es Menschen aneinander kettet, die überhaupt kein Verständnis füreinander mehr aufbringen können.

Die Liebe hat sie zusammengeführt, sagt man, - oder war es nur sexuelles Verlangen? Viele kennen den Unterschied nicht, denn ihre Gefühle sind ausgetrocknet und verdorrt. Liebe ist jenes unaussprechbare Gefühl der Zusammengehörigkeit. Strahlungen die sich finden, miteinander kommunizieren können, ohne das Hilfsmittel der Sprache.

Der jungen Dame von vorhin, - ihr traue ich zu, dass sie in ausgelassener Stimmung, auf einer Party, oder wo auch immer, sich den Verführungskünsten eines Mannes hingibt, ohne nach dem Gefühl der echten Liehe zu fragen, wenn sie es überhaupt kann in der Verkümmertheit ihrer Innenwelt.

Sie konsumiert ein Spiel, einen Vorgang, der eigentlich zur Fortpflanzung gedacht ist, und dem sie selbst ihr Leben verdankt. Der Geschlechtsverkehr bleibt meist ohne Folgen, ein Spiel der Lust, ein Konsum von grenzenloser Wonne.

Doch wenn ein Kind kommt, rüttelt die Verantwortung die Gemüter wach und die Ordnungsprinzipien der Gesellschaft legen eine eheliche Verbindung der beiden Partner nahe. Sie wird vollzogen, natürlich auch ohne die drohende Ankündigung einer Geburt, einfach nur, weil man so fabelhaft sexuell zueinander passt und die Spiele der Wonne bis zum Exzess ausgekostet hat.

Ich wage zu behaupten, dass die meisten zerrütteten Ehen durch eine derartige Zufallsverbindung entstanden sind, natürlich ohne das Wissen der Beteiligten.

Wie soll einer denn die Liebe zu einem Partner spüren können, wenn er von frühen Jahren an nur den Vorbildern einer Leistungsgesellschaft nachlebt und Liebe immer nur als sexuellen Konsum wahrgenommen und an sich selbst erfahren hat?

All dies ist eine Nebenerscheinung der allgemeinen Ausrottung von Gefühlen und des stetigen Verlustes an Menschlichkeit in unserem Leben. Den Vorbildern macht man es nach, bis ins Detail, von Kind an bis ins hohe Alter! Verhaltensmuster, - gestanzt, gelocht, gewogen, einsortiert!

Später dann reiben sich zwei gefesselte Menschen aneinander auf. Sie spüren, dass sie überhaupt nicht zueinander passen, dass ihre Interessen total gegenläufig sind, dass von Strahlung und Liebe überhaupt nichts vorhanden ist, - und sexuelle Wonne, - was ist das?

Das System zwingt sie, die Ehe zu erhalten, mit einem Menschen zusammenzuleben, der einem von Jahr zu Jahr fremder wird, den man schließlich sogar hasst. Eine Trennung birgt großes Risiko, denn sie bedeutet einen Schritt in die Unsicherheit: Allein auf sich gestellt, ausgebrochen aus einer scheinbar sicheren Zweisamkeit, voll ausgeliefert einem Kampf ums Überleben.

Und wieder denke ich an die Angst, zu verhungern. Eine Leben ohne Vorbild, ohne Verhaltensmuster, kommt für viele dem Verhungern gleich.

„Der Nächste bitte." Ich schrecke hoch. „Wer ist der Nächste?" Die blonde Frau hinter der Theke rotiert wie ein Roboter. Ihre Bewegungen wirken automatisiert.

„Ein Bier, bitte", sage ich schnell, bevor ich von meinem Hintermann übervorteilt werde und aus der Reihe falle.

Sie hält ein vorgezapftes Bier unter den Hahn und setzt flink eine Schaumkrone auf. „Noch etwas?" fragt sie barsch.

„Nein, danke!" Ich nehme das Bier in Empfang. Sie wendet sich dem Nächsten zu. Ich bin abgefertigt. Langsam schiebe ich mich weiter vor bis zur Kasse.

„Das Essen musst du bezahlen! Wozu gebe ich dir denn das Haushaltsgeld?" Der Ehemann zankt sich schon wieder mit seiner Frau. Verwundert stelle ich fest, dass sie nun beide einen Schweinsbraten essen. Und sie scheinen auch noch das fetteste Stück Fleisch erwischt zu haben, das zu vergeben war.

„Du wollest doch hier hereingehen! Ich wollte doch gar nicht." Die Frau wehrt sich. Der Kassier hat den Gesamtpreis schon errechnet und präsentiert die Rechnung. Zaghaft zieht die Frau ihre Brieftasche heraus. Nervös reißt der Ehemann ihr die Tasche aus der Hand und bezahlt. Er gibt ihr das Geld wieder zurück.

„Das war das letzte Mal!", zischt die Frau böse, steckt die Brieftasche weg und nimmt ihr Tablett. Beide machen den Weg frei für mich.

„Ist das alles?", fragt der Kassier und schielt missmutig auf mein Bierglas.

Ich nicke nur und halte das abgezählte Kleingeld hin. Dann darf ich endlich die Reihe verlassen.

Vorsichtig balanciere ich mein Bier durch die Menge. Ich steuere auf meinen Fensterplatz zu. Plötzlich muss ich erkennen, dass er besetzt ist. Zwei Jugendliche haben sich dort breitgemacht. Sie essen Pommes Frites mit Ketchup.

Für mich bricht eine Welt zusammen. Ich will nirgendwo anders sitzen! Dort am Fenster war mein Platz! Ich stehe da und überlege: soll ich die beiden Jugendlichen ansprechen, sie auffordern, den Tisch zu räumen?

Ich muss lachen. Die würden mich für verrückt erklären. Ich, mit einem Bierglas in der Hand, ohne Essen und ohne Tablett, eigentlich gar keine Berechtigung, irgendwo Platz zu nehmen, oder zumindest nur mit Einschränkung, ich will ihnen den Platz streitig machen?

Ich möchte aber einen Tisch für mich allein haben, ohne Gegenüber! Ich blicke mich um, suche das ganze Lokal ab. Es gibt keinen unbesetzten Tisch. Dann bleibe ich eben stehen! Ich nehme das Glas und trinke.

Irgendjemand stößt mir in die Seite: „Entschuldigung", murmelt er. Ich hätte mir fast das Bier über das Hemd geschüttet. Die weiße Schaumkrone blieb auf meiner Oberlippe kleben. Ich wische sie mit der Hand weg.

Plötzlich habe ich das Gefühl, allen Leuten im Weg zu stehen, denn von allen Seiten drängen sie mit ihren Tabletts an mir vorbei. Ich möchte am liebsten in den Erdboden versinken.

Es bleibt keine andere Wahl: nur ein Sitzplatz kann meine Position als Verkehrshindernis beenden. Ich steuere den nächstbesten Tisch an. Eine alte Dame mit Schlapphut sitzt da. Ihr gegenüber ist frei.

„Darf ich bitten?", sage ich, und bemerke sofort den Unsinn, der mir da herausgerutscht ist. Ich bin wirklich ganz durcheinander. „Ich meine, - darf ich mich hier setzen?" verbessere ich mich.

„Ja ja, hier ist frei." krächzt sie, und nickt mir freundlich lächelnd zu.

Ich setze mich, stelle umständlich mein Glas auf einen Bierdeckel, spiele damit herum. Dabei beobachte ich, dass die Dame schon aufgegessen hat. Besteck und Serviette liegen auf dem Teller.

Vielleicht geht sie bald! Dann habe ich den Tisch für

mich allein.

„Sie essen ja gar nichts", beginnt sie. „Wollen Sie nicht meinen Gurkensalat?"

„Nein, nein, danke! Ich, - ich habe schon gegessen!" Ich hoffe, diese Notlüge wird mich retten.

„Wissen Sie, ich esse nämlich keinen Gurkensalat. Er liegt mir im Magen und stößt mir dann auf." Sie klimpert mit ihren getuschten Wimpern.

„Ach ja", antworte ich. Was soll ich auch sonst dazu sagen?

„Im Alter kann man nicht mehr alles essen. Da muss man schon etwas vorsichtiger sein!" Sie greift nach einem Glas mit Orangensaft. Ihr goldener Armreif rutscht dabei nach hinten, unter die Ärmelrüschen ihres Kleides.

Jetzt antworte ich überhaupt nicht. Ich nicke nur. Da bin ich in ein schönes Nest hineingestolpert. Eine redselige, alte Dame!

„Sehr gesprächig sind Sie ja gerade nicht!" schießt sie mich an, wie aus dem Hinterhalt.

Eine Unverfrorenheit! Wie kommt sie dazu, mich derart anzureden!? Ich starre sie entgeistert an.

„Na ja, nun fallen Sie nicht gleich aus allen Wolken! Ich lasse Sie schon in Ruhe!" Sie winkt ab. „Sicher haben Sie Probleme, und wollen damit allein sein."

„Nein, nein, - ich habe, ich bin, - ich muss sowieso gleich wieder gehen", antworte ich.

„Wissen Sie, das ist der große Fehler heutzutage: die Menschen reden nicht mehr miteinander. Es schickt sich nicht, einen wildfremden Menschen anzusprechen."

Sie redet sich in einen Eifer hinein, der sehr komisch

wirkt. Die Falten ihres Gesichtes hüpfen hektisch auf und ab, ihre Augen werden klein und stechend.

„Es ist die Angst, sich zu blamieren. Glauben Sie mir. Nur das ist es. Wie schön könnte die Welt sein, wenn alle Menschen untereinander sich verständigen, wenn sie miteinander reden könnten."

„Ja, da haben Sie recht." Sie hat wirklich recht. Wieso kommt sie dazu, mir das zu sagen, ausgerechnet mir!

Ich bin doch derjenige, der vorhin am liebsten auf die Straße gesprungen wäre und Passanten angesprochen hätte!

„Sehen Sie, wie einfach das ist", sagt sie. „Wenn einer mit dem Gespräch beginnt, braucht der andere nur mehr halb soviel Mut, um es fortzusetzen."

„Ja ja, so ist das." Ich lächle gezwungen, denn ich weiß nicht, wie ich das Gespräch fortsetzen soll. Ich trinke einen kräftigen Schluck aus meinem Glas.

„Mit uns alten Menschen spricht keiner mehr. Wir werden einfach abgeschoben. Manchmal denke ich wirklich, man sollte sterben. Die Zeit ist abgelaufen!"

„Ja ja, so ist das." Aus reiner Gewohnheit habe ich jetzt so geantwortet. Natürlich merke ich sofort, dass ich die Dame damit beleidigt habe.

„Ich meine natürlich: so ist das nicht! Jeder Lebensabschnitt hat seine Bedeutung, und seinen Sinn im natürlichen Ablauf des Lebens."

„Schön, wie Sie das gesagt haben." Sie lächelt. Ihr Gesicht strahlt dabei seltsam jugendlich. Ich versuche, mir vorzustellen, wie sie als Mädchen ausgesehen haben mag. Fast glaube ich, es gelingt mir.

Die Falten verschwinden, die Haut wird straff. Die

Wangen werden rundlicher, die Lippen voll und zart. Der Hals verbindet sich in einer sanften Rundung mit dem Kinn, das Doppelkinn verschwindet. Ihre Augen leuchten plötzlich wie zwei Sterne, - wirklich: ein liebreizender Glanz, wie ein Schimmer hinter zarter Seide. Der Hut verschmilzt mit dem Haar, goldblonde Locken umrahmen das jugendliche Antlitz.

„Warum starren Sie mich so an? Ist Ihnen nicht gut?" Ihre Stimme weckt mich aus meinen Träumen.

„Es ist nichts", stammle ich. „Ich war nur in Gedanken."

„Seltsam", beginnt sie. „Sie schauen meinem verstorbenen Mann ähnlich. Ich habe mir gerade vorgestellt, wie Sie aussehen werden, wenn Sie einmal älter sind."

„Ja? Wirklich? Wie habe ich denn abgeschnitten?" Seltsam. Ich habe nicht den Mut, ihr zu sagen, dass ich in umgekehrter Richtung über sie nachgedacht habe.

„Nun, - jedes Lebensalter hat seine schönen Seiten", beginnt sie wieder. „Sie haben es ja selbst gesagt. Ich habe Sie von der schönsten Seite gesehen." Sie lächelt in sich hinein. Wie eine Hexe kommt sie mir jetzt vor.

„Ja, Sie haben recht." Zum Teufel, immer sage ich den gleichen Satz! Dabei möchte ich mich öffnen, ihr zeigen, dass ich sie sehr gut verstehe, sie sympathisch finde.

„Mein Mann war auch so verschlossen wie Sie. Er sprach nicht gern, besonders mit fremden Menschen hatte er schwer Kontakt."

Jetzt hat sie genau ins Schwarze getroffen! Erstaunlich, wie sie mich durchschaut. Mir ist, als könne ich in Gedanken mit ihr sprechen. Unsere Seelen haben sich geöffnet und gegenseitig Zugang zueinander gefunden.

Wie schön wäre es, wenn wir nur in unseren Gedanken weitersprechen könnten. Doch eine Spannung zwischen uns beiden verhindert es: jeder erwartet vom anderen, dass er das Gespräch fortsetzt.

Jetzt glaube ich, zu verstehen, warum meine Antworten immer so matt ausfallen: vielleicht produziert mein Gehirn Gedankenströme, und für die Formulierung von Sätzen bleibt zu wenig Raum?

„Ja, ich sehe schon, ich störe Sie mit meinem Gerede!" Sie trinkt ihren Orangensaft aus. „Dann will ich Sie nicht länger aufhalten. Trotzdem, es hat mich gefreut, Sie kennen zu lernen." Es sieht so aus, als wolle sie gehen.

„Aber nicht doch", stammle ich. „Überhaupt nicht. Sie stören überhaupt nicht. Wollen Sie denn schon gehen?"

„Ja ja. Ich muss. Auch alte Leute haben einen Zeitplan, den sie einhalten wollen. Wir leben nicht einfach so in den Tag hinein, wie manche glauben." Sie steht auf und lächelt auf mich herab.

„Aber ..." Mir fällt nichts mehr ein. Ich würde gern mit ihr sprechen, noch ein Weilchen. Es hat mich tief beeindruckt, was sie gesagt hat. Wie kann ich sie nur zurückhalten, wie kann ich ihr nur zu verstehen geben, dass ich ihre Anwesenheit sehr schätze?

„Also dann, hat mich gefreut! Auf Wiedersehen!" Sie lächelt mir noch ein letztes Mal zu und wendet sich dann ab.

„Auf Wiedersehen!" Ich habe es laut hinterhergerufen. Eigentlich wollte ich rufen: „Halt! Bleiben Sie da!" Aber bis es meine Sprachmuskeln erreicht hatte, wurde es ein „Auf Wiedersehen!"

Nur die Lautstärke hatte ich nicht mehr zurückgenommen.

Ich fühle mich elend, denn ich erkenne, dass mir eine Fähigkeit, die ich immer zu besitzen glaubte, abhanden gekommen sein muss: ich kann mich anderen Menschen nicht mehr mitteilen.

Warum konnte ich nicht einfach meine Gedanken offen aussprechen, zu gleicher Zeit, als sie entstanden? Wie ein Filter schiebt sich jedes Mal ein Gitter von Vorurteilen dazwischen, ein ‚Wenn' und ‚Aber' in einer nicht enden wollenden Kette: ‚Wenn' ich meine Gedanken frei ausspreche, könnte ich mich blamieren. ‚Aber' ich kann doch nicht einfach zu ihr sagen, dass ich sie sehr sympathisch finde.

‚Wenn' ich ihr gesagt hätte, dass ihr jugendliches Antlitz vor mir aufgetaucht ist, hätte sie mich für betrunken halten können, oder für abnormal. ‚Aber' ich hätte doch nicht einfach sagen können, dass ich glaube, in Gedanken mit ihr in Verbindung treten zu können, und dass ich deshalb mit ihr zusammen schweigend am Tisch sitzen wollte, nur um es einmal zu probieren, ob es funktioniert. ‚Wenn' ich das wirklich von ihr verlangt hätte, wäre sie wahrscheinlich noch eher gegangen.

Mein ‚Vorurteils-Gitternetz' schließt sich wieder. Ich spüre es. Es zieht sich langsam zusammen. Es wird schwieriger, hindurchzuschlüpfen. Eine Stimme spricht ständig beruhigend auf mich ein und erklärt mir, dass ich mich absolut richtig verhalten habe.

Ich habe mich benommen, wie ein normaler Mensch. Mehr noch, ich habe die Angriffe der fremden Dame auf mich mit Erfolg abgewehrt.

Die Stimme soll ruhig weiterreden! Ich kenne ihre Argumentation. Ich werde mich nicht irre machen lassen. Ich bestehe darauf, falsch gehandelt zu haben, und nehme mir vor, in einer ähnlichen Situation nicht mehr so kläglich zu versagen.

Die Vorurteile müssen überlistet werden. Der noch vorhandene Apparat meines Innenlebens muss wieder in Schwung gebracht werden!

Ich nehme mein Glas und trinke es in einem Zug aus. Die Flüssigkeit spült den bitteren Nachgeschmack, den diese Begegnung bei mir hinterlassen hat, hinunter. Ich glaube, es blitzt sogar ein wenig Frohsinn durch die versteckten Gitternetze meines Körpers.

Langsam wende ich mich um und blicke hinüber zur Theke. Die Lage scheint nicht mehr so hoffnungslos. Der Menschenansturm lichtet sich. Ich werde mir noch ein Bier holen.

VIERTES BIER

Eine Familie mit drei Kindern drängt sich an der Essensausgabe. Es ist ein ständiges Hin und Her, bis sich die Kinder darauf festlegen können, was sie essen wollen.

Die blonde Dame rührt nervös im Gulasch-Suppentopf herum, während ihre Augen hektisch von einem Familienmitglied zum anderen gleiten und eine endgültige Festlegung in Form einer exakten Bestellung fordern.

Im allgemeinen Tumult schleiche ich mich unbemerkt vorbei und gelange bis an den Zapfhahn, hinter dem jetzt ein junger Mann steht.

„Ich möchte nur ein Bier, bitte", sage ich, mit einem entschuldigenden Unterton, - nicht nur, weil ich bloß Bier bestelle, sondern eigentlich, weil ich mich vorgedrängt habe.

Er blickt nicht auf, scheint mich überhaupt nicht zu beachten, doch seine ruckartigen Bewegungen lassen darauf schließen, dass er mich verstanden hat und er meinen Wunsch nachkommen will. Noch einmal werfe ich einen Blick zurück, nur um mich zu versichern, dass niemand mein Vordrängen bemerkt hat, doch die Familie beschäftigt sich noch immer mit der Aufstellung ihres Speiseplans.

Ehe ich mich versehe, steht bereits das Bierglas vor mir, diesmal richtig eingeschenkt und ohne tropfnass zu sein. Fast möchte ich mich bei dem jungen Mann bedanken, doch im letzten Moment besinne ich mich eines Besseren und gehe an die Kasse, wo ich bezahle.

Der Blick, den der Kassier auf mich wirft, gefällt mir nicht: er betrachtet mich mit einer gewissen Geringschätzung, die darauf schließen lässt, dass er mich für einen Alkoholiker hält, für einen Penner, der hier den ganzen Tag mit Bier verbringt.

Tatsächlich, - ich gebe mir selbst zu, dieser Eindruck könnte entstehen. Vielleicht sollte ich doch das Lokal wechseln, damit ich diesbezüglich nicht zu sehr auffalle?!

Ich muss lächeln, denn es durchzuckt mich die Erkenntnis, dass mein Gitternetz von Vorurteilen mich schon wieder voll und ganz gefangen hält.

Sollen die Leute doch denken, was sie wollen! Schließlich bin ich hier Gast, und eigentlich sollten sie froh sein, wenn sie überhaupt etwas verkaufen. Ich spüre direkt, wie ich mit dem Anwachsen meines Selbstbewusstseins größer werde und richte mich auf.

Dabei begegne ich wie zufällig wieder dem Blick des Kassiers. Seine Augen blitzen mich an. Es ist ein böses, angriffslustiges Gesicht. Diese Fratze lässt mein soeben gewonnenes Selbstbewusstsein schlagartig wieder zusammenbrechen.

Ich fühle mich wie ein Penner, der um ein Bier gebettelt hat. Schnell wende ich mich ab und suche nach einem Platz.

Welch eine Freude! Der Fensterplatz ist frei. Mit wenigen Schritten bin ich dort und setze mich. Ein wohliges Gefühl umhüllt mich. Es ist wie das Empfinden von Heimat, von zu Hause sein.

Die gewohnte Umgebung wirkt auf mich ein. Autos brausen vorbei, Menschen hasten an dem Fenster entlang. Jetzt erkenne ich sogar die Frau wieder, die vorhin mit den Hunden vorbeigelaufen ist. Sie hat die Hundeleinen um die Hand gewickelt. Wo sind die Hunde geblieben?

Die Frau wirkt gelöst und zufrieden, als hätte man sie von einer schweren Last befreit.

Sie entschwindet aus meinem Blickfeld.

Ich denke über die Hunde nach. Hat sie die Tiere bei Bekannten abgegeben, oder war sie beim Tierarzt und hat sie einschläfern lassen? Ich tendiere dazu, meiner letzten Vermutung den Vorrang zu geben, denn wenn sie die Hunde irgendwo abgegeben hätte, dann hätte sie sicherlich die Hundeleinen nicht wieder mitgenommen.

Ich bewundere den Scharfsinn meiner Schlussfolgerungen, beobachte dabei, wie ein Hund das Beinchen hebt und an eine Parkuhr pinkelt.

Gleich darauf folgt ein zweiter, schnuppert daran, und läuft dem ersten hinterher, in die Richtung, in die das Frauchen gerade verschwunden ist. Die Tatsachen haben mich widerlegt. Ich gebe mich geschlagen und wende mich wieder dem Geschehen im Restaurant zu.

Doch meine Gedanken reißen mich wieder mit sich fort. Ich sehe die Szene von vorhin: die kläffenden Hunde, wie sie an der Leine zerren und gezwungen werden, mit dem Frauchen Schritt zu halten. Das mürrische Gesicht der Frau, das gequälte Kläffen der Hunde.

Und jetzt das Gegenteil: die Frau ist von ihrem Zwang befreit, und die Hunde sind es auch. Das würde also bedeuten, dass auch der, der Zwang ausübt, sich befreien kann, wenn er seine Vorherrschaft aufgibt.

Jeder Mensch könnte erst einmal bei sich selbst damit anfangen: sich nicht zwingen, einen vorgeplanten Tagesablauf zu erfüllen, sich nicht zwingen, ein neues Auto zu kaufen, sich nicht zwingen, die Wohnung zu renovieren, sich nicht zwingen, den Urlaub in der Südsee zu verbringen, den Anschaffungen des Nachbars nachzueifern, die neueste Mode zu kaufen, ein Haus zu bauen, Blumen zu züchten, Briefe zu schreiben, Fenster zu reinigen, Wäsche zu waschen, Zähne zu putzen, Einladungen auszusprechen, Besuche zu absolvieren, Blumen zu schenken.

Es ließe ich endlos fortsetzen. Wir müssen all das, was uns hindert, Mensch zu sein, endlich abstreifen, abschütteln, aus unserer Welt verbannen. Einfach dasitzen, nichts tun, die Umwelt betrachten und uns selbst genug sein.

Doch ist das nicht auch schon wieder Zwang? Ist es wirklich jedermanns Sache, nichts zu tun? Müssten sich dazu nicht auch viele von meinen Mitmenschen zwingen, weil sie das Nichtstun gar nicht wollen, weil sie viel eher Erfüllung finden können in eifriger Betriebsamkeit?

Jeder soll tun, was er will, und sich nicht irgendwelchen Vorschriften unterordnen, die er nicht mag. Ich zum Beispiel sitze jetzt hier, weil ich es will. Ich genieße den Tag, ohne festen Plan, lasse mich von ihm treiben und fühle mich dabei wohl.

Ich bin hierher genommen weil ich es wollte, - - oder wie war das? Nein, ich wollte es gar nicht. Aber, wie zum Teufel, - weshalb wollte ich, - wie bin ich nur auf den Gedanken gekommen? Jetzt verliere ich völlig den Faden.

Ich nehme mein Glas und trinke einen Schluck. Es ist, als ob die Flüssigkeit direkt weiter fließen würde, bis in meine Beine. Sie fühlen sich schwer und müde an.

Es ist nur vorübergehend. Es wird die Mittagsmüdigkeit sein! Ich bin also hierher gekommen, ohne Plan, ohne festen Entschluss.

Ja, so war es: ich drängte mich durch die Menschen da draußen, hatte keine Lust, meine Erledigungen zu machen, wanderte durch die Straßen, wie durch einen großen Park, und genoss es, ziellos zu sein.

Ich fühlte mich plötzlich als Fremdkörper, denn ich war zu langsam in dem Strom der eiligen Passanten. Ich bewegte mich nicht geradlinig, sondern zog es vor, einmal näher an der Straßenseite, dann wieder an der Hausmauer entlang zu schlendern. Ich wurde angerempelt, geschoben und gestoßen.

Ständig entschuldigte sich jemand bei mir. Dabei wäre es an mir gewesen, mich zu entschuldigen, denn ich war es, der sich abnorm verhielt und dadurch diese Zusammenstösse verursachte.

Irgendwann empfand ich dieses Geschiebe und Gedränge als lästig, wandte mich ab und betrat ein Restaurant. Die Flügeltür stand offen; es sah alles so einladend aus. Ich ging hinein und schaute mich um: ein Platz am Fenster. In Ruhe sitzen, den Verkehr und die Passanten an sich vorbeiziehen lassen.

Es würde mehr Spaß machen, als selbst Bestandteil dieses Gewühles zu sein. Ich kaufte mir ein Bier und setzte mich, hier an diesen Tisch.

Jetzt, im Rückblick, gefällt mir mein Verhalten. Plötzlich empfinde ich meine Ziellosigkeit nicht mehr als nervenaufreibende Gratwanderung zwischen verschiedenen Entschlüssen. Das war es nämlich, was mich durch die Straßen getrieben hatte. Ich wollte in dieses und in jenes Geschäft, dieses und jenes erledigen; gleichzeitig spielte ich mit dem Gedanken, jemanden anzurufen, mich mit ihm zu treffen.

Alles, was mir einfiel, verwarf ich jedes Mal wieder, und ging zum nächsten Programmpunkt über, bis die Rotation meiner Gedanken wieder von vorne begann. Das Betreten dieses Restaurants war eigentlich nur ein Ausweg, ein Kompromiss zwischen allen Entschlüssen, die ich nicht zu fassen wagte. Ich erhoffte mir von dieser Entscheidung endlich Ruhe, ein Ende des ewig gleichlaufenden Gedankenganges.

Wie auch immer es gewesen sein mag: ich spüre, dass sich die Konturen verschieben. Eine positivere Betrachtung der Vergangenheit tut sich auf. In der Rückerinnerung bleiben die angenehmen Erlebnisse präsent, während die unangenehmen verblassen. So sollte es auch mit der Zukunft sein. Der Optimismus müsste über den Pessimismus dominieren können.

Unser eigener Wille zeigt uns die Richtung. Dieser sollten wir folgen. Es hat keinen Sinn, sich hinzugeben in ein Lamentieren über Gegebenheiten, die ohnehin feststehen. Vielmehr sollten wir versuchen, Wünsche, die in uns entstehen, zu erfüllen.

Es klingt einfach, doch die Hindernisse, die sich diesem Vorhaben in den Weg stellen, sind übergroß, unmenschlich groß. Schon an der Wurzel dieses Gedankens hat sich die Fehlentwicklung unseres Systems eingenistet. Es hat die Maßstäbe verschoben.

Die Skala der eigentlichen Werte stimmt nicht mehr. Denn die Wünsche, die in uns entstehen, sind unehrlich. Sie stammen meist nicht von uns selbst, oder nur zu einem sehr geringen Teil.

Es sind Wünsche, die uns vorgelebt werden, die so

stark auf uns einwirken, dass wir glauben, es sind unsere eigenen. Und da, genau da beginnt die Fehlentwicklung, eine Umpolung, oder besser eine Gleichschaltung der Interessen.

Wer ist denn dieser Übeltäter? Wie könnte man ihn zu fassen kriegen? Ich denke darüber nach und finde ihn nicht. Er hat sich versteckt, getarnt, undurchschaubar gemacht.

Das ist ein Bestandteil seines großen Plans: er ist eine ,Unperson'. Er widersetzt sich einer Personifizierung, weil er genau weiß, dass er als Person zu fassen wäre, auszurotten wäre.

„Möchten Sie eine Anstecknadel kaufen?" Ein kleines Mädchen steht mit einer Geldbüchse vor mir. Ich zucke zusammen. Das Mädchen hat es bemerkt und schaut mich erstaunt an. Dann lächelt es. Mir ist, als hätte der Übeltäter, den ich vorhin so hart angeklagt hatte, plötzlich wunschgemäß Person angenommen und stünde nun vor mir.

Fast wie aus einem schlechtem Gewissen greife ich hastig in meine Geldtasche, entnehme eine Münze und werfe sie in die Geldbüchse. Das Mädchen bedankt sich artig und überreicht mir eine Anstecknadel aus Plastik. Sie hat die Form eines Herzens, ist blau, und auf ihr steht ,PPB'. Noch ehe ich fragen kann, was das denn eigentlich bedeutet, ist das Mädchen verschwunden.

Ich werde die Anstecknadel aufbewahren. Fortan soll sie für mich ein Symbol sein für die Personifizierung jener ,Unperson', die ich verantwortlich mache für den miserablen Gefühlszustand der Menschen.

Mein Bierglas ist schon wieder leer geworden. Es taucht für mich die Frage auf, wie ich zu einem neuen gelangen kann, ohne meinen Fensterplatz erneut zu verlieren.

Ich könnte mein PPB - Herzchen liegen lassen, als Symbol dafür, dass der Platz besetzt ist. Auch schlecht. Am Ende ist dann das Herzchen weg, und der Platz auch.

Ich gelange wieder in einen Gedankenkreis, der mich verrückt macht; ich möchte ein Bier, und auch den Platz will ich behalten. Alle Möglichkeiten, die ich durchdenke, scheinen für eine Lösung des Problems ungeeignet. Meine Laune verschlechtert sich zusehends.

Nur noch vereinzelt sitzen Gäste an den Tischen. Die meisten trinken Kaffee. Die Chance, dass sich jemand an meinen Tisch setzt, den ich dann bitten könnte, auf meinen Platz zu achten, scheint gering.

Leben bedeutet Verzicht! Ich stecke mir mein Herzchen an die Brust, stehe auf und verlasse meinen Platz.

FÜNFTES BIER

„Na, Sie sind ja immer noch da!", ruft mir die blonde Dame hinter der Theke entgegen.

Es ist mir peinlich. Eigentlich sollte ich das Restaurant verlassen. Nun ist es geschehen, was ich vermeiden wollte: ich falle auf.

„Ja, es gefällt mir hier", sage ich wie nebenbei. „Noch ein Bier bitte."

Die Dame zeigt Gefühl. Sie lässt mich in Ruhe.

Mit einem schweigenden Lächeln, - man könnte es auch vielsagend nennen - , geht sie an den Zapfhahn und füllt mein Glas.

„Zahle ich bei Ihnen oder an der Kasse?" frage ich, und bemerke gleichzeitig, dass der abscheuliche Kassier noch immer auf seinem Platz sitzt.

„An der Kasse", antwortet die Dame und schiebt mir das Glas herüber. Ich nehme es und gehe an die Kasse.

Das Scheusal nennt den Preis und hält die Hand auf. Mein Kleingeld reicht nicht mehr aus. Ich gebe ihm einen Schein. Er wechselt und gibt mir das Geld zurück. Diesmal habe ich den Eindruck, dass er mir gewogen ist. Das spitze Stechen in seinen Augen scheint gemildert. Sollten seine plötzlich so sanft anmutenden Gesichtszüge darauf hindeuten, dass er lächelt? Ich wende den Blick ab, schon allein deshalb, weil ich verhindern will, dass ich seinen Augen noch einmal begegne.

Mein Platz ist besetzt! Ein Arbeiter in blauer Montur hat sich dort niedergelassen, rührt in aller Gemütsruhe an seinem Kaffee. Schon steigt wieder Wut und Verzweiflung in mir hoch, doch da denke ich an die Begegnung mit der älteren Dame, und an meinen Vorsatz, den ich gefasst hatte.

Ich wollte mich meinen Mitmenschen öffnen, bei der nächsten Gelegenheit, die sich ergeben würde. Nun hätte ich also die Chance zu einem Experiment. Ich könnte mich dem Arbeiter gegenüber setzen, und ein Gespräch beginnen.

Gesagt, getan. Ich gehe auf den Tisch zu, verbeuge mich und frage: „Entschuldigung, ist hier noch frei?"

Der andere nickt. Ich setze mich. Er nimmt keine Notiz von mir. Es ist die typische Abwehrreaktion. Trinkt von seinem Kaffee und tut so, als hätte er einen unsichtbaren Zaun um sich herum gespannt. Es wird Zeit, dass die Menschen sich entgegenkommen. Ich werde mit der Überwindung dieses Zustandes an mir selbst beginnen.

„Haben Sie Kinder", frage ich. Eine seltene Frage, um ein Gespräch zu beginnen. Ich finde sie provokant.

Er blickt auf, schaut mich zögernd an, antwortet nicht.

Vielleicht hört er schwer. Ich setze erneut an, wiederhole meine Frage, etwas lauter als vorhin: „Haben Sie Kinder?"

Einige Leute von anderen Tischen blicken erstaunt zu mir herüber.

Der Mann schaut mich wieder zweifelnd an, zuckt dann mit den Schultern.

Das gibt's doch nicht! Er muss doch wissen, ob er Kinder hat oder nicht. Darüber kann man doch nicht im Unklaren sein.

„Ach so", setze ich fort, „Sie wissen es nicht genau? Es könnte ja sein, dass irgendwo vielleicht, - - ohne dass Sie es wissen ..." Ich versuche ein Lachen.

Er lacht nicht. Seine rechte Hand streicht über das Gesicht: ein Verlegenheitsgeste. Dann hebt er die Tasse und trinkt wieder. Ich sehe, dass seine Fingernägel ganz schwarz sind. Es scheint Öl oder Schmiere zu sein. Wahrscheinlich arbeitet er als Mechaniker irgendwo in der Nähe in einer Werkstatt. Auch sein blauer Overall ist ölverschmiert.

Plötzlich merke ich, dass er tief Luft holt. Er setzt zum Sprechen an: „Ich Fremdarbeiter." Er zwingt sich ein Lächeln aufs Gesicht. „Nix gut deutsch."

Ich verstehe. Jetzt bin ich es, der nur mit einem Nicken antwortet. Verflucht auch, dass es verschiedene Sprachen geben muss! Die Verständigung in der eigenen Sprache ist schon schwierig genug.

Ich habe oft darüber nachgedacht, wie die verwegenen Seefahrer, die zum ersten Mal fremde Länder betraten, sich mit den Menschen dort wohl verständigt haben. Heute gibt es Wörterbücher, und Sprachschulen. Die Menschen können lesen, und schreiben. Aber damals? Der europäische Seemann stand in weit entfernten Ländern völlig neuen Sprachen gegenüber, von denen er noch nie eine Silbe gehört hatte. Und trotzdem konnten sich die Menschen untereinander verständlich machen.

Ich erinnere mich an den jungen Mann, den ich auf einer Indienreise kennen gelernt hatte. Er sprach nur schwäbisch, nicht einmal deutsch. Doch er konnte sich blendend mit den Indern unterhalten, auch mit denen, die kein Englisch beherrschten. Er redete ununterbrochen, in seiner Sprache, und fragte ständig nach Namen und Bedeutungen von Dingen. Genauso, wie er dadurch indische Worte lernte, begriffen die Inder langsam die Ausdrücke seiner eigenen

Sprache. Es gibt dort heute noch Inder, die schwäbisch sprechen.

Das Verhalten meiner Urlaubsbekanntschaft zeigt mir wieder ganz deutlich, was im Kontakt zwischen modernen Großstädtern fehlt: das sich Anvertrauen an den Gesprächspartner ohne Vorurteil, die offene Bereitschaft zu einer Kontaktaufnahme, das Interesse am anderen und seinen Problemen.

Wir sind Einzelkämpfer geworden. Jeder bemüht sich um den eigenen Vorteil, gibt sich jedoch nach außen hin voll Verständnis für den Mitmenschen. Bloß keine Aggression zeigen, keinen Hass und keine Feindseligkeit. Alle Menschen werden Brüder! Hauptsache, es nützt mir selbst und es hindert mich keiner an der Ausführung meiner eigenen Wünsche und Ziele.

Mein Gegenüber streckt die Hand nach mir aus. Ich erschrecke für einen kurzen Moment, weil ich das Gefühl habe, dass er mir etwas antun will, doch er greift nach meiner Anstecknadel. „Was ist das?" fragt er.

Ich bin betroffen. Wieder ist es mein Gegenüber, das einen Anknüpfungspunkt für ein Gespräch sucht, mit einer ganz natürlichen, entwaffnenden Offenheit.

„Ein Abzeichen", antworte ich.

„PPB, - was heißt?" , fragt er.

Ich bin am Ende. Ich weiß es nicht, sitze da und zucke mit den Schultern, wie es der Arbeiter auch getan hatte.

Jetzt denkt er sicher, ich will mit Fremdarbeitern nichts zu tun haben. Sein resigniertes Gesicht zeigt es. Ich denke an meine schwäbische Reisebekanntschaft. Wie würde der sich jetzt verhalten?

Er würde aus sich heraussprudeln!

Ich kann es nicht. Ich finde keinen Anfang, weil ich immer denke, mein Gegenüber versteht mich ja doch nicht. Es ist ähnlich wie unter uns Deutschen. Vielleicht denken wir auch manchmal: ‚Er versteht mich ja doch nicht. Es hat keinen Sinn, mit ihm zu sprechen.'

Der Fremdarbeiter hat seinen Kaffee ausgetrunken. Er steht auf, will geben.

Ich löse blitzschnell die Anstecknadel von meiner Brust und reiche sie ihm hin. „Hier", rufe ich. „Bitte."

Er wehrt mit der Hand ab, mehr noch, er drückt regelrecht meine Hand mit der Nadel von sich fort. Seine Miene zeigt eine seltsame Mischung von ‚sich entschuldigen wollen' bis zu aufsteigender Wut und ‚beleidigt sein'. Ich merke sofort, dass ich verkehrt gehandelt habe und ziehe die Anstecknadel zurück. Nun ist es an mir, eine entschuldigende Geste zu machen. Doch der Mann sieht sie nicht mehr. Er hat sich schon abgedreht und ist gegangen.

Ich greife nach dem Glas und trinke einen kräftigen Schluck.

Meine Finger spielen mit der Anstecknadel. Langsam beruhige ich mich wieder.

Mein Blick geht hinaus auf die Straße. Da ich meinem ehemaligen Platz gegenüber sitze, sehe ich jetzt in die andere Richtung.

Ein großes Hochhaus mit glänzenden Glasfronten ragt aus dem bunten Wirrwarr von Reklameschriften, Schaufenstern und vorbeibrausenden Autos wie ein standhafter Leuchtturm nach oben. Es ist die Architektur unserer Zeit. Kein Schnörkel, keine Rundung, keine Verzierung, ein rei-

ner Zweckbau. Er weckt in uns die Sehnsucht nach vergan-
genen Zeiten, nach Fachwerkhäusern mit verträumten Gie-
beln, nach prunkvollen Bürgerhäusern mit Erkern, Balkonen
und Nischen. Daran prallt das Auge nicht ab; es kann sich
verlieren in den vielfältigen Linien und Formen.

Trotzdem glaube ich, dass wir unsere Beton-
Architektur nicht in dem Maße verteufeln sollten, wie wir es
immer tun. Ich stelle mir immer vor, wie Generationen nach
uns über unsere Bauten ins Schwärmen geraten werden.

Sie könnten zum Beispiel die Klarheit der Linien be-
wundern, die zweckschöne Zusammenfügung von recht-
winkligen Flächen. Sie werden vielleicht sprechen über
eine zeitlose Eleganz, über den kühnen Mut der Konstruk-
tion: ein Ausdruck einer zielstrebigen und selbstbewuss-
ten Epoche.

Und nostalgisch werden sie schwärmen von der ge-
nialen Verbindung der gegensätzlichen Stoffe: Glas, Stahl
und Beton, von einer Architektur der scheinbaren Schwe-
relosigkeit, einem federleichten Gebilde von granitartiger
Kraft und Stärke.

Glas, nicht nur verwendet als lichtspendender Auf-
heller der Innenräume, sondern auch als glänzende, spie-
gelblanke Außenfassade, welche die ganze Umwelt re-
flektiert und dadurch selbstlos, scheinbar wesenlos mit ihr
verfließt.

Achtlos gehen wir heute an diesen Glaspalästen
vorbei, vielleicht auch nur, weil gemeinhin bekannt ist,
dass Betonhäuser grässlich sind, menschenunwürdige
Steingefängnisse.

Irgendein Kritiker wird es einmal gesagt haben, andere haben es übernommen und weitergegeben. Es ist in unser aller Empfinden übergegangen: Betonbauten sind abscheulich, man muss sie ablehnen!

Warum werden sie eigentlich trotzdem ständig gebaut, in immer neuen Variationen? Wahrscheinlich, weil es die rationellste Bauweise ist, die billigste. Weil man damit am schnellsten möglichst hohe Gewinne machen kann.

Mag sein. Die Architekten jedenfalls scheinen um eine Gestaltung bemüht, die gleichzeitig auch ein Ausdruck unserer Zeit ist.

Wenn man in Muße seinen Blick über die Glasfront eines derartigen Gebäudes gleiten lässt, dann bemerkt man dabei Dinge, die man noch nie gesehen hat.

Die Kanten einzelner Glasteile brechen das grelle Sonnenlicht und spalten es in seine Einzelteile auf.

Es sind die Farben des Regenbogens, die ganze Farbskala blitzt auf, an manchen Stellen stärker, an manchen schwächer. Freilich, es sind kalte Farben, es ist mehr der Eindruck den man von Eisbergen kennt, wenn sie in der Sonne glitzern.

Eine kalte, wesenlose Strahlung, die mathematisch berechenbar scheint. Die Kälte dringt in mich ein, ich spüre es; es ist die Kälte des künstlichen Lebens, das wir um uns herum geschaffen haben.

Doch wenn ich an künftige Generationen denke, macht es mich stolz, dass ich dazu gehöre zu jenen, die das alles hier geschaffen haben.

Das Blitzen in den Glasfenstern des Hochhauses scheint für mich plötzlich ein Signal zu sein, ein Leuchtfeuer, ein Funkstrahl, der sich fortsetzt bis in die Zukunft und unsere Nachkommen erreicht.

Was gibt mir die Gewissheit, dass sie unsere Werke hochhalten und schätzen werden? Genauso gut könnte es auch sein, dass sie unser Leben, und alles, was es beinhaltet, ablehnen, es gering schätzen, verhöhnen, zerstören und vernichten.

Unseren Eltern halten wir vor, dass sie einem Hakenkreuz nachgelaufen sind und ein System der Vernichtung gebilligt haben.

Wie schnell kann es da passieren, dass unsere Kinder uns einmal vorwerfen, dass wir ein System von grenzenlosem Konsum unterstützt haben, ein System das Leben und Umwelt, Natur und Ökologie zerstört, das Raubbau betreibt an Rohstoffen, die nicht nur für uns allein gedacht sind.

Vielleicht werden Generationen nach uns keine Rohstoffe mehr zur Verfügung haben und auf einer völlig ausgeplünderten Erde sitzen, vergiftet und deformiert.

Sie werden uns verfluchen, und alles, was an uns erinnert, zerstören, - auch die wunderschönen gläsernen Hochhäuser. Nur hinter vorgehaltener Hand werden sie über uns sprechen dürfen, und die Erinnerung an uns wird ausgelöscht sein.

Ich verfalle dem Pessimismus. Er kommt nicht aus mir selbst, sondern er ist mir anerzogen worden. Allein diese Erkenntnis ist für mich ein gewaltiger Schritt nach vorn, in eine, für mein eigenes Leben, optimistischere Zukunft.

Die negativen Stimmen haben uns kaputtgemacht. Wie ein Lauffeuer sind sie um die Welt geeilt, und haben überall die große Katastrophe, die da kommen soll, verkündet, und den Untergang der Welt.

Es geht uns so gut wie noch nie seit Menschenge-denken, und daher kann es nicht besser werden, sondern nur noch schlechter, - sagen sie.

Der Abstieg sei vorprogrammiert, behaupten sie, und die atomare Verseuchung so gut wie sicher. Die Zahl der Arbeitslosen steigt, die Wirtschaft sinkt in die Knie.

Kann es nicht sein, dass dies alles nur durch üble Nachrede ausgelöst wurde? Ist unsere Wirtschaft wirklich krank, oder etwa nur psychosomatisch krank?

Ein Mensch, dem man ständig einredet, dass es ihm schlecht gehe, wird es mit der Zeit selbst glauben, und er wird sich selbst ständig mit seinem schlechten Zustand kon-frontieren.

Er wird krank, und siecht dahin. Er ist ein eingebilde-ter Kranker, und deshalb geht es ihm schlecht. Er kennt die Zusammenhänge nicht.

Es wäre also möglich, dass wir alle uns in einen psy-chosomatischen Zustand hineinreden, der folgerichtig auch Wirklichkeit werden muss.

Seit Jahren bedrängen uns die Medien mit Weltunter-gangsstimmung und wenn wir endlich alle uns nur noch gegenseitig anjammern, dann wird die vorhergesagte Katas-trophe prompt eintreten: wir werden an unserem Pessimis-mus zugrunde gehen.

Mein Blick streicht der Glaswand des Hochhauses ent-lang und plötzlich mache ich eine Entdeckung: mein Auge besitzt die Fähigkeit, bewusst die Schärfe zu verlagern.

Das Hochhaus und seine Glasfassade sind für mich deutlich zu erkennen. Die Kanten der Glasplatten bilden sich klar und deutlich ab. Jetzt verlagere ich die Schärfe und blicke durch das Glas hindurch: in der Spiegelung sehe ich eine neue Welt.

Ich erkenne die Hausfassade der Straßenseite, auf der sich mein Restaurant befindet. Ich sehe die Turmspitzen von Kirchtürmen, die zarten Schäfchenwolken, die über den dunkelblauen Himmel ziehen. Ich blicke über die Dächer der Stadt hinweg bis an den Horizont. Und das alles, obwohl ich im tiefsten Verkehrsgewühl ganz unten im Innenraum eines Hauses sitze.

Ein deutliches Beispiel dafür, dass wir mit gefühllosen, stumpfen Augen durch unsere Welt gehen und alles, was nicht der Norm unseres Alltages entspricht, einfach übersehen, darüber hinweggehen.

Ich versinke in die Schönheit meiner neu entdeckten Perspektive und habe dabei ein Gefühl, als würde ich von meinem Sitz wegschweben, durch das Fenster hinaus über die Straße und hinein in die zauberhaften Spiegelungen des Hochhauses.

Die reale Welt um mich herum wird unwirklich, seltsam fremd und uninteressant. Ich schwebe, begleitet von Sphärenklängen, die irgendwie aus dem Getöse des Verkehrs zu entstehen scheinen, weitab von Alltagsproblemen in einer verzauberten Welt, von der ich stolz behaupten kann, dass ich sie für mich entdeckt habe.

Ich beginne, mich in der Glaswand zu orientieren und suche nach mir bekannten Gebäuden und Türmen.

Es ist nicht leicht, sich an die neue Sicht zu gewöhnen, denn alles ist seitenverkehrt. Doch die nüchterne Betrachtungsweise meines bunten Schillerbildes wirft mich ziemlich rasch aus meinem Traum heraus und lässt mich schnell zurückfinden in die Wirklichkeit.

Das bloße Erkennenwollen eines Kirchturmes und das Rätselraten um einen mir fremden, seltsam hohen Turm haben meinen Gedankenstrom unterbrochen, und die Schärfe meiner Augen hat sich wieder auf das Geschehen vor mir verlagert.

Der Lärm der Motoren hat die Sphärenklänge verdängt und das Chaos vor meinem Fenster wird mir wieder voll bewusst.

Mein leeres Bierglas macht mir noch eine andere Tatsache bewusst: der Alkohol strömt durch meinen Körper und verändert mein Denken.

Er setzt Kräfte in mir frei, die sonst verschlossen und unerreichbar sind. Es ist, als ob eine innere Befreiung stattfände, ein Loslösen von Fesseln, ein Durchsichtigwerden der Gitter, die von den Vorurteilen gebildet werden.

Es ärgert mich, dass diese Tatsache vom Alkohol bewirkt wird und nicht durch meinen eigenen Willen gesteuert werden kann. Ich möchte einen Weg finden, der es mir gestattet, die Fesseln in meinem Innern selbst zu lösen.

Es wäre der direkte, und vor allem gesündere Weg zu einem befreiten, ausgeglichenen Leben mit echtem Glücksgefühl.

‚Der Alkohol löst die Probleme nicht!' heißt es immer. Ich stimme dem voll zu, mehr noch: ich behaupte, dass Alkohol unsere Existenz schädigt, mindestens in dem Ausmaß, in dem unsere Umwelt es tut, und das ist beträchtlich!

Darüber hinaus bewirkt der Alkohol ein fortwährendes Durstgefühl, das sich durch weiteren Genuss keineswegs löschen lässt. So bin ich überzeugt davon, dass es chemische Stoffe gibt, die im Körper den Wunsch nach ‚mehr' hervorrufen, und sie sind zum Beispiel in Schokolade, in Pralinen, in Salzgebäck, und eben auch im Bier vorhanden.

Ich kann nicht umhin, - ich werde mir noch ein Glas holen. Schuld daran ist immer das erste Bier, oder vielleicht auch das dritte. Dann jedenfalls, wenn die Konzentration der chemischen Giftstoffe, die das ‚Mehr' verlangen, ausreichend ist, kann man von Sucht sprechen, - und den Schuldigen ausfindig machen.

SECHSTES BIER

Ein freundliches, gewinnendes Lächeln strahlt mir entgegen. Man behandelt mich jetzt schon wie einen Stammkunden. Die blonde Dame schiebt das frische Bier über die Theke auf mich zu. „Bitte sehr, wohl bekomms!" sagte sie und strahlt mich an.

Ich lächle zurück, obwohl ich nicht ganz sicher bin, ob ich nur auf den Arm genommen werde, weil man mich für betrunken hält, oder ob es echte Sympathie ist, die mir da entgegen strahlt.

Jedenfalls muss ich wieder an dem Kassier vorbei, dem ich diesmal abgezähltes Kleingeld anbieten kann.

Schon vermute ich, dass ein scherzhaftes Wort über seine Lippen kommen wird, denn sein Gesicht nimmt einen pfiffigen Ausdruck an, und er holt Luft wie einer, der zum Sprechen ansetzt. Doch er besinnt sich wohl in letzter Sekunde anders, denn er nimmt wortlos die Münzen entgegen und drückt mir den Kassenbon in die Hand.

Ich kann ungehindert wieder meinen Tisch erreichen und setze mich auf meinen Stammplatz, mit dem Blick über das Restaurant. Das gläserne Hochhaus bleibt jetzt allerdings wieder in meinem Rücken.

Genüsslich setze ich das Glas an meine Lippen und freue mich über den ersten Schluck, der angenehm kühl und erfrischend durch meine Kehle fließt. Ich fühle mich rundum wohl und stelle mit Erstaunen fest, dass dieser so trostlos begonnene Tag sich gewandelt hat.

Ein leises Bedauern allerdings trübt meine Freude: ich bin mir bewusst, dass dieser Stimmungsumschwung wohl auch auf meinen Alkoholkonsum zurückzuführen ist.

Plötzlich durchbricht ein lautes Gegacker und Geschnatter die stille Atmosphäre des Raumes. Ein Schwarm junger Mädchen drängt in das Restaurant herein, sammelt sich um die Theke. Es sind fünfzehn- bis sechzehnjährige Schülerinnen. Sie haben ihre Schulsachen dabei. Schrille Schreie dringen an mein Ohr, dann wieder glockenhelles Lachen und quiekendes Gekicher. Alle gackern durcheinander.

Einige Gäste des Restaurants drehen sich entrüstet um. Ihre schwache Nervendecke empfindet die hohen, grellen Töne wie einen stechenden Schmerz. Ich kann es nachempfinden, denn ich kenne dieses unsichtbare Zucken, welches bei jedem Kreischen wie ein Heizstrom durch den Körper fließt. Wird es knapp hintereinander ausgelöst, dann kommt es einer qualvollen Massage gleich, - ein Schmerz, der sich wie im Takt einer hektischen Musik durch den Körper schlägt.

Heute empfinde ich das schrille Gekreische ohne Pein. Es ist fast, als ob ich mich darüber freue, als ob mich die frische, jugendliche Energie, die hinter den Stimmen steckt, erreichen und mitreißen würde. Ich versuche, einzelne Worte zu verstehen, und es beginnt dabei in mir zu schwingen, so als ob ich selbst mitten in der Gruppe stünde und mit den Mädchen um die Wette gackerte.

„Panik, Panik", schreit die eine dauernd dazwischen. Wie Taktschläge eines Schlagzeuges hört sich das an. „Pustekuchen, Pustelkuchen", äfft eine andere. „Drei Cola, ein Bier", ruft eine. „Und Pustekuchen dazu", brüllt die von vorhin.

Alle lachen. „Show must go on", kreischt eine lange Dürre. „Wer beteiligt sich an einer Packung Zigaretten?" Einige Hände recken sich nach oben. „Ich will aber Camel!", schreit eine von denen, die sich gemeldet haben. „Nein, die ist mir zu stark", piepst eine andere. „Panik, Panik!" knallt es wieder dazwischen.

Mein inneres Gitterwerk scheint in Auflösung begriffen zu sein. Normalerweise hätte ich mich über das Verhalten der Gruppe geärgert. Ich horche in mich hinein. Nicht der leiseste Anflug von Zorn ist zu spüren. Ganz im Gegenteil: ich bin ein interessierter Zuhörer und genieße die ärgerlichen Reaktionen der Gäste. Ich stehe auf der Seite der Radaumacher und möchte mit ihnen mitlachen und mitalbern. Ein neues Verständnis für die Jugend ist in mir erwacht.

Ich spüre die wunderbare Naivität, mit der die jungen Mädchen an das Leben und ihre Umwelt herangehen. Diese aufregende Freiheit! Ein explosives Fühlen ohne einengende Zwänge!

Nach der Bevormundung in der Kindheit und den schmerzenden Unterordnungen unter die Befugnisgewalt der Eltern entdecken sie plötzlich in sich eine enorme Stärke, die sie ahnen lässt, dass sie langsam den Eltern gewachsen sind, über sie hinauswachsen.

Sie erobern einen neuen Freiraum, die Welt der Erwachsenen. Noch ist alles offen. Jede Phase, jede Nuance des Lebens birgt in sich Neues, Ungeahntes und lockt zur Eroberung. In einer fast euphorischen Stimmung, beseelt von Glück und Überschwang stürmen sie unbekannte Welten und machen sie sich zu eigen. Das schrille Gekreische klingt in meinen Ohren jetzt fast wie das siegessichere Angriffsgeheul eines ganzen Indianerstammes.

Alle Mädchen haben nun endlich ein Getränk in Händen und stürmen in wilder Formation auf die noch freien Plätze zu. Sie lagern sich an meinen Nebentischen, umringen mich fast wie im Halbkreis.

„Skandal, Skandal, Skandal." - „Ich glaub mich piekt ein Käfer." - „Ich find die Party irre hier." - „Wer hat die Zigaretten?" - „Panik, Panik!" - „Pustelkuchen!" - „Seid nicht so laut, ihr weckt die Gäste auf!" - „Hat irgend jemand Feuer?" - „Nur feuerrote Lippen!" - „Panik, Panik!" - „Pustekuchen!" - „Wer will 'ne Zigarette?" - „Nur der bezahlt hat. Hallo! Niemand sonst!" - „Schlürf nicht mit dem Strohhalm wie ein Eskimo!" - „Also nun, wer hat jetzt Feuer?" - „Panik, Panik!" - „Pustekuchen!"

Alles quasselt durcheinander. Die Suche nach einem Streichholz verdichtet sich zu einem Problem. Ich zähle die ganze Bande einmal ab: es sind zwölf Mädchen. Und keine findet Streichhölzer!

Alle suchen ihre Taschen ab, wühlen in den Tragebeuteln herum.

„He, Sie da!" ruft eine. Sie meint mich. „Haben Sie Feuer?"

„Ja, schon, - aber nur hier drin!" Ich deute auf meine Brust. Dabei erschrecke ich ganz schön über meine freche Schlagfertigkeit, über diese echt blöde Antwort. Ich hatte sie von mir nicht erwartet, - und die anderen auch nicht. Gleichzeitig spüre ich, wie eine gewisse Röte der Verlegenheit in mir hochsteigt, denn plötzlich starren mich alle zwölf Mädchen an. Ich sitze im Mittelpunkt ihres Kreises und bin ihnen schutzlos ausgeliefert.

Meine Antwort hat sie verunsichert. Ganz still ist es plötzlich geworden. Nur langsam löst sich die Starre. Aber dann haben sie wieder zu ihrer Ausgelassenheit zurückgefunden. „Soll das ein Gag gewesen sein?" mault eine, versteckt sich dabei vor meinem Blick. Die anderen beginnen zu kichern.

„Ja." sage ich, schlicht und einfach. Dabei beginne ich, über das ganze Gesicht zu lachen. Das steckt an. Plötzlich lachen alle mit. Ich gehöre dazu, bin eins geworden mit dem Haufen.

„Dufter Typ." - „Blöder Heini !" - „Rauchen schadet der Gesundheit." - „Holt endlich jemand Feuer?" - „Immer der, der davon anfängt!" – „Panik, Panik!" Die Stimmen kreischen durcheinander. Man wendet sich wieder von mir ab. Ich bin ein Fremdkörper und werde ausgeschieden.

„Haben Sie Feuer?" Jetzt sprechen sie einen Gast auf der anderen Seite des Restaurants an. Dieser bejaht, greift in die Vordertasche seines Hemdes und zieht ein Feuerzeug heraus.

Bevor eines der Mädchen aufspringen und es holen kann, wirft der Mann es geschickt bis in die Mitte der Gruppe, wo es mit lautem ‚Hallo' aufgefangen wird. Sie zünden sich ihre Zigaretten an. Bald paffen allerorts graublaue Wölkchen nach oben. Mit einem gemeinsamen, lauten „Danke schön" werfen sie das Feuerzeug wieder zurück. Der Mann fängt es auf und steckt es gelassen in seine Hemdtasche. Das laute Gegacker geht weiter.

Ich beobachte das Gesicht eines Mädchens. Ihre braunen Augen zucken aufgeregt hin und her. Die Wangen sind leicht gerötet. Ihr Mund presst sich an den Strohhalm, mit dem sie ihr Cola aus dem Becher saugt. Die dunklen Haare sind nach hinten gebunden zu zwei kleinen Zöpfen. Sie trägt ein T-Shirt, mit irgendeiner Aufschrift, die ich nicht entziffern kann, weil sie immer halb verdeckt bleibt. Ein niedliches Geschöpf, halb Kind, und doch schon erwachsen.

Plötzlich zieht wie eine Zukunftsvision ihr ganzes Leben an mir vorbei. Ihre Gesichtszüge werden schmaler, der Blick ruhiger, die Frisur fraulicher. Die Lippen saugen nicht mehr an dem Strohhalm, sie nippen an einem Weinglas. Die Augen glänzen verführerisch. Langsam und gekonnt führen die Finger eine Zigarette zum Mund. Ein kurzer Zug, und Qualm strömt aus den Nasenflügeln, die sich wie die Nüstern eines Pferdes öffnen. Falten bilden sich unter den Augen, kleine Gräben entstehen zwischen Nase und Mundwinkel. Ein kleines Doppelkinn faltet sich, wenn sie den Kopf nach unten beugt.

Die Augen verlieren ihren Glanz. Kleine Furchen bilden sich an der Nasenwurzel, setzen sich über den Augenbrauen fort. Die Haut auf den Wangen wird rissig und spröde. Sie verliert ihren straffen Halt. Die Lippen werden schwammig, die Mundwinkel sinken nach unten. Das Doppelkinn hängt lose herab und schwabbelt bei jeder Bewegung. Jetzt durchfurchen die Falten das ganze Gesicht. Die Augen liegen in tiefen Höhlen und sind rötlich und feucht.

Das Leben hat den jugendlichen Enthusiasmus besiegt. Vor mir sitzt eine alte Frau, ähnlich der Dame von vorhin, die mit mir ein Gespräch hatte beginnen wollen. Die vielen Fehlschläge einer versuchten Selbstverwirklichung prägen das Aussehen der Menschen. Die äußere Erscheinung ist immer ein Abbild des Lebenskampfes und auch des

Seelenzustandes eines Menschen. Ein offenes Buch, in dem man lesen kann. Doch wer kann das schon? Wir gehen daran vorbei, so wie wir ein Leben lang an unseren eigenen Problemen vorbeigegangen sind.

Es betrübt mich, wenn ich daran denke, dass man auch diesen jungen Mädchen hier auf den Kopf zusagen könnte, dass ihre Selbstverwirklichung Schiffbruch erleiden wird, dass alle ihre Ideale, der ganze jugendliche Elan und all die sprühende Energie sich abnützen werden an einer grenzenlos mächtigeren Maschinerie, welche mit ihren Normen, Rechten und Pflichten, Urteilen und Vorurteilen, Zwängen und Richtlinien alles glatt bügelt, was ihr in den Weg kommt.

Es ist eine Frage der Zeit: doch wer früh voll Einsicht sein Haupt vor dem großen Ordnungsprinzip beugt, benötigt weniger Kampf und kann sich länger einen beschaulichen, inneren Frieden vorgaukeln. Manchmal denke ich wirklich, dass Glücklichsein eine Frage von Intelligenz sein muss: nur der Dumme, der die Hintergründe nicht erfasst und sich auch nicht darum kümmert, kann Glück erfühlen in der Abkapselung seines tief vor der Norm gebeugten Körpers.

Nur wer so dumm ist, dass er die Zwänge nicht spürt, kann glücklich sein. Er ist ein reiner Tor! Vielleicht sollten wir alle uns die Schelmenmütze aufsetzen und mit dem dümmsten Gesicht herumlaufen, welches wir im Register unserer Mimiken vorfinden!?

Es wäre eine leise Revolution gegen die Mächtigen, und die Welt wäre nicht länger ein Konzentrationslager des Konsums, sondern sie müsste umgewandelt werden in eine öffentlich rechtliche Irrenanstalt. Die ‚Normalen' wären in der Minderheit, eine Randgruppe der Gesellschaft, für die ein eigenes Ghetto errichtet werden müsste. In Schelmenkreisen könnte aus Schabernack und Übermut eine Kultur der Narren entstehen, während im Lager der Normalen das Leben zu Einsamkeit und Apathie führen würde.

„He, du! Warum starrst du die Anke dauernd an?" Eine helle Mädchenstimme reißt mich aus den Gedanken. Ich hatte während meiner ganzen Überlegung unentwegt auf das Mädchen gestarrt. Wie bei einer rasanten Verjüngungskur formt sich das großmütterliche Gesicht wieder zurück in das jugendliche Aussehen von heute. Sie starrt mich mit ihren leuchtenden, braunen Augen an und wird dabei ganz dunkelrot.

„Ich bin, - ich hatte, - ich war in Gedanken", stammle ich und senke den Blick. Alle schauen mich an: ich spüre es. Das Stimmengewirr ist verstummt.

„Er war in Gedanken!" äfft mich eine nach. Nur wenige lachen. Die anderen schweigen.

„Was waren denn das für Gedanken?" Es ist eine freche, aggressive Stimme, irgendwo aus der Mädchengruppe.

Ich antworte nicht, schaue verlegen in die Runde.

„Das hat man doch an seinem Blick gesehen, was er gedacht hat! Er hat sie ausgezogen, in Gedanken!"

„Hör auf!" protestiert Anke böse. „Sei still!"

Ich setze mich zur Wehr: „Ihr denkt auch immer nur an das eine!" Wütend blitze ich die Gruppe an.

„Wir nicht, aber die Männer!"

„Was weißt du schon davon?" entgegne ich.

„Das weiß man eben! Hört man ja überall!"

„Und, dann glaubt man es auch, wenn man es hört,

oder? Wer ist eigentlich ‚man'?" Ich gehe zum Angriff über.

„Mann, der nervt mich vielleicht! Jetzt will der uns auch noch auf'n Geist!"

„Bist wohl 'n Pauker, was?" ruft eine andere schnippisch.

„Man, - das kann <u>ich</u> sein, oder <u>du</u>, oder <u>ihr</u>."

Ich beginne zu dozieren. „Man, - das kann auch <u>nichts</u> sein, oder wir <u>alle</u>. Man, - das ist sehr ungenau. Wenn ‚man' euch gesagt hat, dass die Männer so und so denken, dann ist das sehr ungewiss.

Es sind sozusagen zwei Verallgemeinerungen in einem Satz: ‚man' ist undefinierbar, und ‚die Männer' dürftet ihr in diesem Zusammenhang auch nicht sagen: denn nicht alle Männer sind gleich."

Sie starren mich mit offenem Mund an. Es dauert eine Weile, bis sie die Sprache wiederfinden.

„Er ist doch ein Pauker! Ich hab's euch gleich gesagt." unkt die eine.

„Komm, lasst ihn in Ruhe! Er soll weiterdenken!"

„Aber nicht wieder unsere Anke angaffen, gell!"

„Man kann niemand verbieten, jemand anzuschauen!"

„Ätsch, jetzt hast du ‚man' gesagt!"

„Ach was. Ich rede, wie es mir passt!"

„Hauptsache, er lässt Anke in Ruhe!"

„Wir schützen unser Küken, - - das reimt sich sogar!"

Alle quatschen wieder durcheinander. Wie von selbst löst sich das Interesse an mir auf und keine nimmt mehr Notiz von mir. Nur Anke streift noch einmal mit ihren leuchtenden Augen meinen Blick, doch ich weiche schnell aus und schaue demonstrativ von der Gruppe weg aus dem

Fenster hinaus.

Ich bin in meinem Innern noch sehr unruhig und aufgewühlt. Es ist schlimm, plötzlich im Mittelpunkt eines allgemeinen Interesses zu stehen, noch dazu als Angeklagter. Ich bin mir wirklich keiner Schuld bewusst. Es passiert mir öfter, dass meine Augen gedankenverloren an einem Gegenstand hängen bleiben, während ich total in mein Innenleben versinke.

Natürlich sehe ich ein, dass mein starrer Blick auf Anke anders empfunden wurde, als er gedacht war. Wie gern würde ich den Mädchen den Ablauf meiner Gedanken schildern. Doch sie würden es nicht verstehen.

Nicht nur die Erwachsenen untereinander finden kaum Wege der Verständigung, noch tiefer klafft das gegenseitige Unverständnis zwischen den Generationen. Langsam begreife ich auch, warum meine Eltern und Vorgesetzten mich oft allein ließen mit meinen Problemen. Sie dürften so ähnlich gedacht haben, wie ich jetzt gegenüber diesen Jugendlichen empfinde: ich kann ihnen den Stand meiner augenblicklichen Lebenserfahrung nicht mitteilen, weil sie diese nicht einfach präsentiert bekommen, sondern weil sie diese Erfahrungen selbst machen wollen, auf einem manchmal auch recht beschwerlichen Weg.

Aber nur durch die Selbsterfahrung in vielen Situationen reift wohl langsam eine Erkenntnis, die sich in den Jahren zu einer eigenen Weltanschauung festigt. Ein langwieriger Prozess also, der durch einige aufklärende Worte eines erfahrenen Alten in keiner Weise nachvollzogen werden kann.

Jugendliche müssten diese Aufklärungsversuche sogar

vehement ablehnen, - und sie tun es ja auch - , weil sie eine gewisse Angst empfinden, dass sie dadurch um den ihnen zustehenden Genuss der eigenen Erfahrung und Meinungsbildung gebracht werden.

Die Vögel lernen ihren Küken das Fliegen, und dann: Raus aus dem Nest, und ab durch die Mitte!

Eigentlich schade um die unnötigen Probleme und Sorgen von Eltern, die ihre Kinder nicht aus ihren Fittichen weichen lassen wollen.

Dieses Verhalten macht aus Kindern schon bei den ersten Gehversuchen in der Erwachsenenwelt leidende Krüppel, und aus den Eltern selbst vergrämte, hartherzige Versteinerungen.

Natürlich bleibt die Angst, dass die freigewordenen Küken sich in den Gefahren der missgestalteten Umwelt verstricken und in schlechte Gesellschaft geraten könnten. Doch zeugt diese Angst nicht von mangelndem Vertrauen in die Überzeugungskraft der eigenen Erziehung, die man letztlich seinen Sprösslingen angedeihen ließ?

Man sollte den Mut haben, die Kinder sich selbst und dem Leben zu überlassen! Denn dadurch besteht auch die Chance einer Erneuerung des menschlichen Seins, eine freie Ausführung des natürlichen Auftrags der Evolution.

Neue Gedanken und Möglichkeiten des menschlichen Geistes finden in keiner anderen Epoche des Lebens größere Aussichten auf Entfaltung und Entdeckung als in der des Erwachsenwerdens.

Deshalb sollten wir die energiegeladenen Ausbrüche der Jugendlichen, auch wenn sie manchmal gegen jede Norm und gegen unsere Festgefahrenheit verstoßen, mit

Freude akzeptieren, zumindest mit verzeihendem Gleichmut.

Keineswegs aber sollten wir darauf mit Hass, Aggression und Wut reagieren. Jeder, der den Vorgang des Erwachsenwerdens in seiner Urtümlichkeit begriffen hat, wird entzückt sein über das phantasievolle Wechselspiel beim Aufeinanderprallen von jugendlicher Ausgelassenheit und dem Energiepotential der nur scheinbar feststehenden Natur unserer Umwelt. Gesetzmäßigkeiten, auf die wir uns eingeschworen haben, werden im Vorbeilaufen geknickt. Zwänge, die wir schon lange Jahre empfinden, werden von einer Sekunde zur anderen gegenstandslos. Eine Horde von Freibeutern reitet unsere Prinzipien.

Und trotzdem, im nachlassenden Sturm sammeln sie die überrannten Trümmer wieder ein und bauen daraus ein Mosaik, welches sich von unserem Erfahrungsbild meist kaum unterscheidet. Damit endet die wilde Phase des jugendlichen Aufbegehrens, und ein Dialog zwischen Eltern und Kindern wird wieder in vollem Umfang möglich. Die Uhr der Evolution ist nur ein kleines Sekundchen weitergerückt.

Die Colas sind ausgetrunken. Die Zigaretten liegen ausgedrückt im Aschenbecher. Langsam sammeln sich die Mädchen zum Aufbruch. Es ist, wie wenn ein Zeltlager abgebrochen wird. Der Inhalt der Tragtaschen wird eingesammelt: Hefte, Schreibzeug, Illustrierte, Taschentücher. Die Horde setzt sich in Bewegung, schnatternd und quakend, wie sie gekommen ist. Zurück bleiben zerquetschte Pappbecher, zerschlissene Strohhalme, zerdrückte Servietten und volle Aschenbecher.

Die Mädchen drücken sich durch den Ausgang hinaus. Eine wirft mir im Hinausgehen einen verstohlenen Blick zu: es ist Anke. Ihre Augen blitzen in dem bunten Haufen wie zwei Sterne. Ich muss lächeln. Sie bemerkt es und lächelt zurück. Von jetzt an haben wir ein Geheimnis. Wir sind Verschwörer.

Bevor ich weiter darüber nachdenken kann, wird Anke von dem Rest der Gruppe hinausgedrückt. Es tut mir irgendwie leid, dass erst jetzt offensichtlich ein echter Kontakt stattgefunden hat, - und wieder geschah es ohne Sprache, nur mit Hilfe von Strahlungen, an die ich fest glaube.

Die Gruppe wälzt sich an meinem Fenster vorbei. Sie merken meinen neugierigen Blick: ich versuche Anke noch einmal zu sehen. Einige halten ihre Daumen an die Ohren und wackeln dabei mit den Händen. Sie lachen über das ganze Gesicht und machen sich lustig über mich.

Die Glasscheibe zwischen uns gibt ihnen den Mut dazu. Ich komme mir vor wie im Käfig eines Tierparks, wie bei den Menschenaffen. Auch ich stand dort schon oft vor der Käfigscheibe und habe versucht, die Affen dahinter zu reizen. Heute bin ich selbst der Affe. Doch es ist mir gar nicht unangenehm. Ich fühle sozusagen tierisch: mich interessiert das Verhalten der Menschen. Ich studiere ihre Gesten und ihre Mimik, aber ich verstehe sie nicht.

Als jetzt eines der Mädchen mit der flachen Hand an die Scheibe tappt, beuge ich mich vor und klatsche mit meiner Hand dagegen. Das hatten sie nicht erwartet. Aufgescheucht, wie durch einen wildgewordenen Affen in Panik versetzt, toben sie durcheinander und entfernen sich aus meinem Blickfeld.

Ich habe Anke nicht mehr gesehen. Vielleicht ist sie zurückgeblieben, steht am Eingang und wartet auf mich? Ich lächle über mich selbst. Warum denke ich immer noch an das Mädchen? Liebe kann es wohl nicht sein. Also ist es Eitelkeit. Vielleicht kokettiere ich damit, dass sich das junge Mädchen in mich verliebt haben könnte? Wahrscheinlich aber sind es nur ihre Augen, die Strahlungen ihrer Augen, die mein Innerstes irgendwie erreicht haben und mich faszinieren.

Mein Bier ist ausgetrunken. Das Wohlbefinden in mir wächst von Glas zu Glas. Nichts spricht dagegen, dass ich mir noch eines genehmige.

SIEBENTES BIER

Von der Theke aus sehe ich durch die Tür hinaus auf die Strasse. Dort stehen noch drei Mädchen aus der Gruppe. Sie sind stehen geblieben, sind in ein Gespräch vertieft.

Ich schaue noch einmal genau hin: Anke ist dabei. Sie steht mit dem Rücken zu mir. Ich kann die Aufschrift auf ihrem T-Shirt lesen: ‚PPB' steht darauf, in großen Buchstaben. Ich erinnere mich noch genau, dass ich auf der Vorderseite des T-Shirts ein Wort, oder mehrere Worte gesehen hatte und sie nicht entziffern konnte, weil sie immer irgendwie verdeckt waren. Sollte die Vorderseite vielleicht die Abkürzung PPB in voller Länge zeigen? Ich bin wie elektrisiert.

„Hier, Ihr Bier!" Die blonde Dame herrscht mich an, schiebt das Bier zu mir herüber.

„Danke, danke", sage ich, nehme es in die Hand. Ich starre hinaus auf die Straße. Das Mädchen könnte sich doch endlich einmal umdrehen! Doch die drei stehen nur da, reden aufeinander ein und lachen.

Ich könnte nach draußen gehen und sie ansprechen, könnte dabei auf mein Ansteckherzchen deuten und nach dem Sinn von ‚PPB' fragen. Ich prüfe, ob die Anstecknadel noch an meiner Brust haftet: sie ist noch da. Ich überlege.

Nein, es geht doch nicht. Ich muss zuerst das Bier bezahlen. Schnell gehe ich zur Kasse, suche nach Münzen und gebe sie dem Kassier. Es ist mir diesmal egal, ob er freundlich oder wie auch immer reagiert. Ich will hinaus, zu den Mädchen.

Rasch drehe ich mich um und sehe: sie sind verschwunden! Ich gehe mit dem Glas durch den Ausgang hinaus auf die Strasse, blicke nach rechts und nach links. Ich sehe sie nicht mehr. Passanten hasten an mir vorbei; einige blicken verwundert auf das Bierglas in meiner Hand.

Enttäuscht gehe ich wieder hinein. Die Aufräumfrau hat alle Hände voll zu tun. Sie schafft die Überreste des Gelages zur Seite, wischt über die Tische. Langsam nähere ich mich meinem Platz. Ein Gefühl von tiefer Traurigkeit überwältigt mich. Ich fühle mich verlassen und einsam. Die Tische, an denen die Mädchen saßen, leuchten mir feuchtnass entgegen. Die plötzliche Stille erzeugt in mir ein Gefühl von Schmerz. Langsam setze ich mich.

Einsamkeit ist schrecklich. Vielleicht spüre ich nur Enttäuschung über den Verlust eines Gesprächspartners? Tagelang mit niemandem sprechen können, das martert das Gehirn und bewirkt depressive Zustände. Der Mensch kann scheinbar ohne den Partner, ohne den Mitmenschen nicht existieren, obwohl er in vielen Situationen sich selbst ein Partner ist.

In uns sprechen zwei Stimmen: sie sprechen einmal freundschaftlich miteinander, dann zanken sie sich, dann versuchen sie, über den anderen zu dominieren. Manchmal glaube ich, sie kommen allein nicht zurecht. Ohne den Einfluss von außen verkümmern sie und geraten in eine ausweglose Situation. Sie sind überfordert, wenn sie allein für sich das Gespräch mit einem anderen Menschen ersetzen sollen.

Einem Einsamen gelingt es kaum, sich einem anderen mitzuteilen. Wie ein Hemmschuh baut sich eine Sperre auf: ‚Es hat keinen Sinn, mit jemandem darüber zu reden, denn

es versteht mich ja doch keiner', - glaubt er. So geht er härt-
näckig und stumm an seinen Mitmenschen vorbei. Eine Er-
lösung ist es, wenn ein anderer von sich aus den Verschlos-
senen anspricht.

Dieser will eben nicht selbst der Bettler sein und andere Leute mit seinen Problemen belasten. Wenn er aber darauf angesprochen wird, fühlt er das Interesse und die Auf-
merksamkeit und wird sich öffnen. Eine einzige Aussprache
weckt manchmal wieder Lebensmut. Unser Leben kann nur
Erfüllung finden im stetigen, sprachlichen Kontakt mit anderen!

Diese Erkenntnis sollte als Aufforderung gelten an alle, die einen einsamen Menschen vor sich sehen: ihn ansprechen und auf seine Probleme eingehen!

Aber es lässt sich nicht verwirklichen: wir alle hasten
in unserer selbstverschuldeten Hektik an unseren Mitmenschen vorbei, und sind nicht einmal in der Lage, zu erkennen, ob jemand einsam ist oder nicht. Und sehr oft gelingt es dem Einsamen selbst, sich erfolgreich zu verstellen
und seine Gefühle zu verbergen. Daher müsste meine Aufforderung von vorhin auch an die Betroffenen selbst gerichtet werden: wenn Sie Hilfe brauchen, müssen sie sich dem
anderen zu erkennen geben.

Ich bin dabei, mich als Lehrer aufzuspielen, will den
Menschen verändern und Normen und Regeln für die Gesellschaft aufstellen. Seltsam, dieser innere Drang des Menschen, sich ständig zum Lehrmeister über andere erheben zu
wollen!?

In Diskussionen über gesellschaftliche Probleme höre
ich immer wieder, wie sich der Mensch verhalten soll, wie

sich eine Partei, eine Gruppe gefälligst ändern soll, wie falsch sich eine bestimmte Person aus dem Freundeskreis benimmt, und wie richtig eine andere. Ständig versucht das Einzelindividuum seine persönliche Erkenntnis, seine Anschauungen, sein gesamtes Weltbild, seine Welt schlechthin den anderen aufzuzwingen, sie gleichzuschalten mit seiner Phantasie-Welt.

Ich muss an eine Theorie denken, die besagt, dass es die Welt überhaupt nicht gibt, sondern dass sie nur in uns existiert, in jedem einzelnen von uns. Das würde bedeuten, dass es Millionen von Welten gibt, und alle sind verschieden, wenn auch ähnlich, denn die Erfahrungen der Menschen weichen nicht weit voneinander ab. Man kann sogar noch weiter gehen und fragen, ob die Welt denn überhaupt real existiert. Denn alles, was wir von ihr sehen, hören und fühlen, existiert nur in uns, in unserem Gehirn.

Aus dieser Erkenntnis heraus verstehe ich die missionarische Sucht, die in uns steckt. Es ist die ständige Angst, allein zu sein in unserer eigenen Welt, während andere in einer völlig anderen Welt sich von uns entfernen könnten.

Ein heftiger Wunsch in uns lässt uns alles tun, um unser eigenes Weltbild den anderen zu vermitteln, sie in unsere Welt einzubeziehen, damit mir nicht allein sind. Vielleicht ist der Austausch von Erfahrungen zwischen den Menschen auch nur ein Mittel, um ständig zu überprüfen, ob unsere Welt, wie sie in unserem Gehirn entstanden ist und sich dort fortentwickelt, ob diese Welt sich noch im Einklang befindet mit den anderen Welten in den Gehirnen der anderen Menschen.

Darum ist es so schwer, ein neues Gesellschaftssystem

zu schaffen, weil ein theoretisches System nicht einfach wie der Bau einer Maschine oder die Abgrenzung eines Geländes realisiert werden kann, sondern in den Köpfen von Millionen entstehen muss.

Geistige Umschulung nennen sie das!

Und trotzdem wird es niemals gelingen, Millionen Gehirne gleichzuschalten, eine Einheitswelt in millionenfacher Ausfertigung zu erzeugen. Denn der Prozess der Erkenntnis, das Ablehnen oder Annehmen von Eindrücken, Erlebnissen und Erfahrungen, wird immer unterschiedlich ablaufen, in millionenfacher Variation.

Als man erkannte, dass allein mit der Kraft der Überzeugung kein gemeinsames Weltbild zu schaffen war, griff man zu dem Mittel des äußerlichen Zwangs. In allen diktatorischen Staaten kann und konnte man das beobachten.

Der äußere Zwang wiederum schafft inneren Widerstand. Es entsteht ein seltsamer Zustand: ein Staatssystem schreibt ständig die Normen und Gesetzmäßigkeiten seines Weltbildes fest, plakatiert sie an den Hauswänden und druckt sie in den Zeitungen, und trotzdem existiert innerhalb dieser Welt eine andere: die schweigende Welt derer, die sich im Widerstand dazu befinden. Es ist die paradoxe Situation, die es ermöglicht, dass Menschen scheinbar gleichzeitig in zwei Welten leben: in einer Scheinwelt, der sie scheinbar untertan sind, und in ihrer eigenen.

Darüber hinaus bin ich davon überzeugt, dass unsere Erbanlagen ein bestimmtes Grundmuster enthalten, eine Gebrauchsanleitung sozusagen, nach der die Fakten, die von uns wahrgenommen werden, gespeichert, nach vorgegebenen Grundsätzen sortiert und katalogisiert werden.

Verschiedene Filter und ganze Gitterkonstruktionen weisen den ankommenden Informationen den Weg, lenken sie an bestimmte Punkte einer aufwendigen Maschine, die wir Gehirn nennen. Die chemischen Reaktionen darin laufen ab, nach vorgefertigtem Plan. Nur so kann es möglich sein, dass Millionen von verschiedenen Einzelwelten in den Köpfen der Menschen sich dennoch sehr ähnlich sind: ein Prozess, der sich seit tausenden von Jahren in der Entwicklung der Spezies Mensch ständig wiederholt.

Eine veränderte Umwelt bedingt manchmal in geringem Maße eine Veränderung des Weltbildes in unseren Gehirn. Die Erbanlagen können innerhalb von Jahrzehnten das Grundmuster umformen, sich langsam den Gegebenheiten angleichen, sich anpassen, und gehorchen dabei den Gesetzmäßigkeiten der Evolution. Da erdreistet sich der Mensch, theoretische Überlegungen aus machthungrigen Gehirnen als Weltbild vorzusetzen, zu diktieren und glaubt dabei, in wenigen Jahren geistiger Schulung das seit Jahrtausenden vererbte Grundmuster in einem ganzen Volk, bei Millionen von Menschen, umstürzen zu können!

Der Wille dazu resultiert aus dem unbezwingbaren Drang, sich mitzuteilen, das in sich selbst konstruierte Weltbild dem anderen aufzuschwatzen.

Nicht nur aus Eigennützigkeit, sondern eigentlich deshalb, weil wir Orientierung suchen, weil wir unsere Auffassung durch eine gleichlautende Auffassung oder durch Zustimmung abgesegnet halben wollen, als Beweis dafür, dass wir mit unserer Welt nicht allein dastehen.

Dieser Vorgang bedingt aber gleichzeitig auch ein Interesse für die Meinung und die Ansichten des anderen. Es soll ein Gespräch sein, und keine Ansprache, ein Zuhören und kein Mundtotmachen. Ein Dialog untereinander, ein Feststellen von Mehrheiten, ein Akzeptieren und Annehmen von anderen Meinungen, das Finden eines Kompromisses zwischen den Weltanschauungen vieler.

Als absolut krankhafte Fehlentwicklung muss man also hier das diktatorische Prinzip anprangern: das Aufzwingen eines einzigen, starren Weltbildes, ohne Widerspruch und Gegenrede zu dulden. Es kann nur durch äußeren Zwang durchgesetzt werden und weckt allein dadurch schon immensen inneren Widerstand. Die Welt ist nicht so, wie sie äußerlich herausgeputzt manchmal erscheint, sondern so, wie sie in den Köpfen von Millionen sich abbildet! Und das Prinzip dieser Abbildung kann durch menschlichen Einfluss nicht verändert werden.

Die Einsamkeit resultiert also daraus, dass ein Einzelindividuum allein gelassen wird in seiner Welt, ohne ein unbedingt erforderliches Vergleichen und Abstimmen mit einem Gesprächspartner. Es fehlen gewisse Bezugswerte, und dadurch geht das eigene Weltbild verloren, bricht in sich zusammen, signalisiert Chaos und Vernichtung, und kann deshalb bis zum Selbstmord führen.

Ich durchdringe langsam die hässliche kleine Wolke des Seins und schwebe davon in höhere Sphären. Es ist mir, als ob sich ein Vorhang der Erkenntnis öffnete, als ob ich plötzlich hinausschauen könnte aus meiner eigenen Welt in einen unendlich größeren Kosmos ohne Horizont.

Meine Gedanken beschleunigen derart, dass ich sie nicht mehr in Worte fassen kann. Ich sehe in vollkommener Klarheit das Problem menschlicher Existenz vor mir liegen, doch es ist alles nur ein heller Schimmer innerhalb eines gleißenden Lichtes. Ich weiß, dass ich alles verstanden habe, und doch kann ich es nicht in Worte kleiden. Eine unermessliche Genugtuung durchfließt mich, und eine grenzenlose Traurigkeit zugleich, denn ich fühle, dass ich mich meinen Mitmenschen nicht mitteilen kann; es ist mir nicht möglich den Inhalt meiner Erkenntnisse zu übermitteln.

Langsam verlischt der grelle Schein und ich sinke zurück in meine eigene, graue Wolke. Ich weiß nicht einmal mehr, welche Offenbarung sich mir gerade aufgetan hat, doch ich spüre in mir eine jauchzende Freude und ich bin von beseelter Genugtuung erfüllt. Noch immer schwebe ich in der grauen Wolke und sinke dabei unablässig nach unten. Ich merke, wie mein Kopf langsam auf etwas Hartem aufsetzt. Dabei fühlt sich meine Stirn seltsam kühl an. Ich öffne die Augen und schrecke hoch.

Ich war vornüber gefallen und hatte den Kopf auf die Tischplatte gelegt. Schnell blicke ich mich um und prüfe die Reaktionen der Gäste. Keiner scheint es bemerkt zu haben: ich muss eingenickt sein. Wie lange habe ich geschlafen? Ich schaue auf die Uhr. Es ist halb drei. Es sagt mir nichts, denn ich weiß nicht, wie spät es vorher war. ‚Bier macht müde!' schießt es mir durch den Kopf. Tatsächlich! Ich bin müde.

Ein langes, ausgedehntes Gähnen überkommt mich. Ich lasse ihm freien Lauf. Dann reibe ich mir die Augen und blinzle hinaus in die Nachmittags-Sonne. Rote Punkte flimmern herum und alles ist wie von einem feinen Nebel überzogen. Ich habe zu fest gerubbelt.

Wieder kommt ein Gähnen in mir hoch und ich merke,

wie die Augen ganz feucht werden. Ein wundersamer Schleier liegt über der Straße. Alles, was sich bewegt, fließt ineinander und löst sich wieder.

Ich könnte noch lange dieses schöne Bild betrachten, doch meine Augen bemühen sich, so rasch wie möglich wieder ihre normale Funktion zu erlangen. Die Natur hat festgelegt, welche Wirkungsweise meines Körpers für mich am zweckmäßigsten ist, und deshalb kann ich jetzt auch wieder klar und deutlich sehen, - leider.

Man hat mir meinen Traum gestohlen und mich unwirsch vom Baum der Erkenntnis zurück in die Wirklichkeit geholt. Ich suche das Ende meines letzten Gedankens. Die Einsamkeit! Stimmt. Wo ist sie? Ich fühle mich nicht einsam.

Seltsam, die leeren Tische vor mir erinnern mich kaum noch an die Geschehnisse, die ich heute hier erlebt habe. Es ist mir, als wäre alles schon lange vergangen, vergessen und vorbei.

Ich setze das Bierglas an und trinke den Rest mit einem kräftigen Schluck aus. Mein Durst scheint unermesslich. Vielleicht sollte ich zur Auffrischung einen Kaffee trinken? Doch wenn ich mir vorstelle, wie sich Kaffee und Bier vermischt, wenn die braune Flüssigkeit fadenartig wie ein vielarmiger Polyp in das quellende Gelb des Biers eindringt, dann schüttelt es mich vor Grauen, und ich entschließe mich, beim Bier zu bleiben und mir noch eines zu holen. Die Bewegung, die ich dabei mache, wird mir gut tun.

ACHTES BIER

„Man möcht es nicht glauben, was es für Leute gibt", sagt die blonde Dame gerade voller Entrüstung. Ihr gegenüber, getrennt durch den Tresen, steht ein Mann. Er hat vor sich eine Tasse Kaffee stehen, hält scheinbar sein Nachmittags-Plauschchen mit der Dame.

Das Gespräch verstummt abrupt, als ich mich nähere. Mir ist fast, als hätten sie über mich gesprochen.

„Noch ein Bier, bitte", sage ich zaghaft. Die Dame nickt und geht zum Zapfhahn.

„Wirklich, ich hab's also öfters beobachtet", beginnt der Mann. „Zuerst hab ich auch geglaubt, ich seh' nicht richtig. Steckt der doch glatt nach dem Essen seinen Teller, das Besteck und das Bierglas in seine Aktentasche, klappt sie zu und geht hinaus. So als wäre es die normalste Sache von der Welt!"

Die Dame stellt mir mein Bier hin. „Es ist wirklich eine derartige Unverfrorenheit, man findet gar keine Worte dafür." Sie spricht an mir vorbei zu dem Mann. Beide tun so, als hätte ich keine Ohren, als wäre ich ein Taubstummer, als wäre ich nur ein notwendiges Übel, eine notwendige Unterbrechung ihres Gespräches. Ich bleibe stehen.

„Aber nicht nur einmal hab' ich das beobachtet", setzt der Mann fort. „Ich kenne den Typen inzwischen. Der sitzt immer in Selbstbedienungslokalen und räumt dort ab."

„Vielleicht nimmt er das Wort ‚Selbstbedienung' zu wörtlich", mische ich mich frech ins Gespräch.

Die beiden lachen zynisch. Sie scheinen nichts dagegen zu haben, dass ich mich einmische.

Die Dame fixiert mich sofort, spricht auf mich ein: „Sie sind gut! Wo kämen wir denn da hin, wenn alle Leute uns die Sachen wegschleppen. Eine Unverschämtheit ist das. Grad wenn es so hoch hergeht, wie heute Mittag. Wir haben ja das Personal gar nicht, um aufzupassen, dass niemand was mitnimmt."

„Da gibt's noch ganz andere Sachen", meint der Mann. „In diesen Studentenlokalen, diesen Pilskneipen da, da nehmen sie doch glatt die Bilder von der Wand und stecken sie ein, als Andenken, oder weil sie die dann verkaufen. Grad der neue Trend, wo sie die Kneipen so auf alt herrichten, da ist schon manchmal eine Antiquität dabei."

„Ich versteh das auch nicht", pflichte ich bei. „Dass es Leute gibt, die so etwas tun! Ich hätte nicht den Mut dazu, ein Bild von der Wand zu nehmen, oder sogar einen Teller in meine Tasche zu stecken. Man ist doch im Grunde nie unbeobachtet. Es kann doch ständig passieren, dass man dann festgehalten wird. Und wie steht man dann da? Wie ein Verbrecher!"

Die Dame stützt sich auf dem Tresen. Sie blitzt mich freundlich an. Vielleicht freut sie sich, dass ein anonymer Gast wie ich sich ein wenig öffnet, seine Person zu erkennen gibt.

„Ja. Richtig. Sie haben schon recht." sagt sie. „Aber trotzdem gibt es solche Leute, und sie werden meistens nicht erwischt. Der Tellerklauer, den der Herr Meissner hier gesehen hat, läuft immer noch frei herum."

Der Herr Meissner nickt. Ich schätze ihn auf vielleicht Vierzig. Er trägt einen hellgrauen Anzug, weißes Hemd und Krawatte. Ein Verkäufer vielleicht, oder ein Abteilungsleiter, der hier nur schnell sein Kaffee - Päuschen macht.

Sein Haar ist schon etwas schütter. Das bleibt auch das einzige Erkennungsmerkmal, denn sein Gesicht scheint mir in einem erschreckenden Maße gleichförmig und ohne Besonderheit, dass es mir schwer fällt, es mir einzuprägen. Es ist der Idealmann, der von den Werbeplakaten lächelt, der freundliche Nachbar von nebenan.

Er nippt an seiner Kaffee-Tasse, schluckt und setzt wieder zum Sprechen an: „Grad heute hab' ich ihn wieder gesehen, drüben in dem Restaurant, auf der anderen Straßenseite." Er deutet hinüber.

„Und?" frage ich. „Hat er heute wieder was geklaut?" Ich trinke an meinem Bier.

„Ich weiß nicht", antwortet er. „Ich war nicht so lang da, bis er mit dem Essen fertig war. Er ist erst nach mir gekommen."

„Aber", wende ich ein. „Wenn Sie ihn das nächste Mal beim Klauen beobachten, dann unternehmen Sie doch was, oder?"

„Ich?" Er überlegt. „Ich weiß nicht. Was würden Sie denn tun?"

„Na ja, ich würde ihn ansprechen, und ihm sagen, dass er das Geschirr nicht mitnehmen darf, dass es verboten ist."

„Ja, Sie haben recht! Das wäre vielleicht eine Möglichkeit. Aber wer mischt sich schon gern in solche Angelegenheiten."

„Sie sind gut", braust die Dame auf. „Wenn es die Gäste nicht verhindern, wer soll es denn dann tun? Ein bisschen Zivilcourage sollten die Leute schon haben. Man muss doch irgendwie zusammenhalten, sich gegenseitig helfen,

Recht und Ordnung bewahren, nicht wahr?" Sie sucht Bestätigung hei mir.

Ich nicke ihr zu, ziehe es vor, nicht zu antworten. Ich verstecke mich hinter meinem Glas und trinke noch einen Schluck.

„Recht und Ordnung", sagt Herr Meissner. „Das wollen wir mal der Polizei überlassen. Die bezahlen wir ja von unseren Steuergeldern. Dann sollen sie auch was tun dafür."

„Aber in so einem Fall", ereifert sich die Dame. „In so einem Fall ist der Dieb doch schon über alle Berge, bis Sie die Polizei geholt haben. Wie wollen Sie denn das machen?"

„Eben, drum sage ich ja, ich mache lieber nichts, bevor ich mich lange umsonst bemühe."

„Sie sind mir der Richtige! Kein Bewusstsein als Mensch haben Sie, als Staatsbürger. Habe ich recht?" Die Dame fordert mich wieder zur Bestätigung ihrer Ansicht auf.

Ich gebe nach und setze das Gespräch fort: „Also ich glaube, dass man diesen Tellerklauer einmal ansprechen sollte. Vielleicht denkt er wirklich, dass er die Teller mitbezahlt hat, mit dem Essen. Vielleicht ist es ein Ausländer."

„Ausländer! Natürlich die Ausländer!" Die Dame regt sich auf. „Die dürfen ja immer alles! Sie reden sich immer darauf aus, dass sie nichts verstehen. Und dann: alles vergeben und vergessen! Weil er es nicht versteht!"

Die blonde Dame mit der modernen Frisur ist doch älter, als ich ursprünglich annahm. Wenn sie sich in einen wilden Eifer hineinredet, wie eben jetzt, dann verzieht sich ihr Gesicht zu einer dämonischen Fratze, und die Falten, die unter dem Make-up verspachtelt sind, brechen hervor und werden überdeutlich sichtbar. Ihr ganzes Gehabe wirkt männlich. Sie scheint hier der Chef zu sein.

Ich habe die Antwort von Herrn Meissner nicht gehört. Der Ton war ausgeblendet, die Lautstärke kehrt wieder zurück. Plötzlich verstehe ich wieder, was Herr Meissner sagt: „ - - und deshalb kommen wir da gar nicht dran vorbei. Finden Sie nicht auch?" Er blickt mich dabei an.

Ich erschrecke ein wenig, unterdrücke dann aber meine Unsicherheit und antwortete beipflichtend: „Ja ja."

„Früher, da wurde einem Dieb die rechte Hand abgehackt", sagt die Dame und vollführt dabei die Bewegung des Abschlagens. „Soll ja heute noch üblich sein, im Orient, bei den Arabern, glaube ich, oder irgendwo in der Gegend halt."

„Ja ja, und wenn ein Mann fremd geht, dann, - - na ja, Sie wissen schon." Herr Meissner macht eine Bewegung unter der Gürtellinie. Er lacht dabei hämisch. Sein Gesicht ist eine einzige Grimasse.

Mir wird schlecht. Ich versuche an etwas anderes zu denken. Dabei fällt mein Blick auf die Dame. Sie lacht und schüttelt sich, als hätte man ihr einen Witz erzählt.

Ich trinke schnell an meinem Bier, versuche, mein Übelkeitsgefühl hinunterzuspülen.

Meine Gedanken setzen das Gespräch von vorhin fort. Ich stelle mir vor, dass man allen Leuten, die einen derartigen Stumpfsinn über die Lippen bringen, den Mund zunähen würde. Ich sehe sie vor mir, wie sie mit den geschlossenen Lippen versuchen, zu sprechen, und ihnen nur ein leeres Gestammel entweicht.

Gleichzeitig erschrecke ich, denn ich merke, dass ich selbst bestraft gehöre, allein schon wegen meiner Gedanken.

Doch wie sollte man dem Gehirn das Denken verbieten? Man müsste vielleicht einzelne Windungen und Verstrebungen mit einem dünnen Faden abschnüren.

Oder mit Akupunkturnadeln darin herumwühlen. Mich schaudert. Meine Gedanken kommen nicht los von diesen Grausamkeiten und Verstümmelungen. Ich versuche, mich wieder auf die Realität zu konzentrieren.

„ - - hier, direkt nebenan, bei dem Ledergeschäft, da haben sie in der Nacht die Scheiben eingeschlagen, nur so, aus Spaß. Die Alarmanlage ging sofort los, und dann kam Polizei. Die haben sich's angeschaut, haben alles notiert und sind dann ratlos rumgestanden.“

„Warum?“

„Weil doch die Lederwaren alle drin lagen, und jeder reingreifen konnte, sich was wegnehmen. Jetzt wussten sie nicht, wie sie es die Nacht über absichern konnten.“

„Muss halt einer stehen bleiben, die ganze Nacht, und aufpassen.“ Herr Meissner grinst.

„Sie haben dann doch noch eine Lösung gefunden: sie haben den Inhaber verständigt, und der ist dann gekommen und hat den ganzen Laden ausgeräumt, die Sachen im Keller verstaut.“

„Der wird sich schön geärgert haben. Mitten in der Nacht aus dem Bett geholt! Und dann der Schaden, den die angerichtet haben!“

„Und man kann nichts dagegen machen! Wir haben die Jugendlichen noch laufen gesehen, kurz nachdem sie die Scheiben eingeschlagen haben. Aber beschreiben haben wir sie auch nicht können. Die sehen ja alle gleich aus, heutzutage.“

Ich muss an die Freiheit und Ausgelassenheit der Mädchengruppe denken. In einer ähnlichen Stimmung werden diese Jugendlichen wahrscheinlich auch gehandelt haben, als einer im überschwänglichen Übermut vielleicht mit dem Fuß gegen die Scheibe sprang. Soll man es ihm verzeihen, im Hinblick auf die starken Naturkräfte, die in ihm gewirkt haben mögen?

„Betrunken waren sie! Allesamt!" sagt die Dame mit sicherer Bestimmtheit.

„Wieso?" frage ich. „Wieso wissen Sie, dass die Jugendlichen betrunken waren? Sie haben doch vorhin gesagt, dass Sie die Burschen nur kurz gesehen haben, als sie vorbeiliefen. Da können Sie doch unmöglich gesehen haben, ob sie betrunken waren?"

Beide starren mich an. Sie hatten mich wohl schon wieder aus ihrem Gespräch ausgeklammert und wundern sich jetzt, dass ich mich zu Wort melde.

„Sie reden ja wie die Polizei", faucht mich die Dame an. „Natürlich waren die Jungs betrunken. Ist doch klar! Warum sollten sie denn sonst die Scheibe eingeschlagen haben?"

Soll ich ihr jetzt die Vorgänge im Innenleben eines Jugendlichen erklären? Ihr verständlich machen, wie das ist, wenn man erwachsen wird? Ich begreife, dass es keinen Sinn hat und suche nach einem Ausweg. Doch mein Zögern ist schon bemerkt worden.

„Sie scheinen sich ja überhaupt nicht auszukennen mit der heutigen Jugend." Sie feixt mich von oben herab an. „Sehen Sie denn nicht, wie sie sich benehmen, wie sie sich volllaufen lassen, wenn sie abends von Lokal zu Lokal ziehen? Soll ich Ihnen sagen, was der Grund ist für alles: es geht ihnen zu gut! Wir, ja, - wir sind noch anders erzogen worden, mit Strenge, und in Armut! Wir haben uns noch gefreut über die kleinen Dinge, waren froh, wenn mal ein Stückchen Schokolade bekommen haben."

Herr Meissner zieht sich aus der Affäre. Er schiebt Geldstücke über den Tresen und meint: „Ja, also dann. Ich muss weiter. Bin schon zu spät dran. Wiedersehen, bis morgen, und vielen Dank!" Er wendet sich ab und geht.

Plötzlich dreht er sich noch einmal um. Es fällt ihm ein, dass ich auch noch da bin. „Auf Wiedersehen", sagt er und winkt mir mit der Hand zu.

In seinem Lächeln glaube ich etwas Mitleid zu sehen, Mitleid darüber, dass ich nun allein der blonden Chefin ausgeliefert bin.

Ich winke zurück. Im nächsten Moment ist Herr Meissner schon im Gewühl der Passanten draußen auf der Straße verschwunden. Die Chefin schiebt die Geldstücke ein und nimmt die Kaffeetasse, die sie hinten in den Abwasch stellt.

Ich habe noch einige Sekunden Zeit, bevor sie sich wieder auf mich konzentrieren kann. Soll ich mich jetzt auf eine Diskussion einlassen mit dem Unverstand dieser Person? Nein, ich will es nicht.

Andererseits sage ich mir, dass es falsch ist, einen Menschen als Gesprächspartner einfach abzulehnen. Man sollte mit allen Menschen ehrlich in Kontakt treten können, ohne ‚wenn' und ‚aber', und ohne sich zu verbergen und zu verstecken hinter seiner wahren Anschauung und Meinung.

„Na, was sagen Sie dazu? Sie müssen mir doch recht

geben, oder? Glauben Sie wirklich, dass die Jugend heute noch so ist wie früher?" Sie blickt mich stechend an.

„Die heutige Jugend ist selbstverständlich anders als früher", sage ich und merke sogleich, dass es ein vollkommen sinnloser Satz war.

„Genau! Da bin ich direkt froh, dass Sie mit mir einer Meinung sind." Sie lächelt.

Was soll ich jetzt noch sagen? Ich lächle zurück.

Sie schaut auf mein Bierglas, blickt mich dann vielsagend an. „Manchmal haut man halt über die Stränge, nicht wahr? Das muss auch einmal sein." Sie blinzelt mir zu.

Es wird mir zuviel. Jetzt spielt sie sich auch noch als Mitwisserin auf, glaubt, sie hätte in mir den Alkoholiker entdeckt und hätte nun mit mir zusammen ein Geheimnis.

Wieder komme ich mir vor, wie ein armseliger Pennbruder, der um das nächste Bier betteln muss. Doch plötzlich begreife ich, dass ich nicht immer so lange Pausen entstehen lassen darf, wenn sie mich anspricht, und überlege fieberhaft, was ich ihr denn jetzt entgegnen könnte.

„Wissen Sie", sage ich zögernd. „Ich habe nämlich heute frei, und da bin ich, - - da habe ich mir gedacht - - "

„Wollen Sie noch ein Bier? Das Glas ist ja schon wieder leer." Sie hat es ohne Vorwurf gesagt, mit einem freundlichen, liebevollen, verstehenden Blick.

„Ja", antworte ich, und weiß gar nicht, wie mir geschieht.

NEUNTES BIER

Die Chefin stellt das alte Glas in den Abwasch und lässt am Zapfhahn ein neues einlaufen.

„Das sind dann zwei Bier. Sie können auch bei mir bezahlen."

Geschäftstüchtig ist sie schon. Sicher schenkt sie den Alkohol genauso gern auch an Jugendliche aus. Nur wenn die dann nachher Fensterscheiben einschlagen, wird sie böse. Ich lege ihr das Geld hin.

„Wohl bekomm's", sagt sie und gibt mir das Glas. Es tropft wieder, weil es übergelaufen ist.

„Vielen Dank", antworte ich und wende mich ab. Hoffentlich bekommt es mir auch, und hoffentlich schlage ich hernach keine Fensterscheiben ein.

Ich balanciere das tropfnasse Glas durch das Restaurant und versuche zu verhindern, dass die Tropfen meine Hose treffen. Derart erreiche ich wieder meinen Platz, der zu meiner Freude unbesetzt geblieben ist und säuberlich aufgeräumt auf mich wartet. Ich schiebe einen Bierdeckel unter das Glas und strecke mich dann gemütlich aus. Nach solch anstrengenden Versuchen einer Kommunikation scheint es mein Bewusstsein nun doch vorzuziehen, wieder alleingelassen zu werden mit seinen beiden inneren Stimmen und in die Stille der Einsamkeit zu versinken.

Es steht für mich fest, dass meine Welt sehr weit von der meiner Gesprächspartner entfernt ist, und diese Erfahrung gilt für mich auch als Beweis dafür, dass jeder Mensch sein eigenes Leben führt in der eingekapselten Welt seiner eigenen Existenz.

Jetzt bin ich sogar froh darüber, dass es so ist, denn allein der Gedanke, dass ich in der Welt der blonden Dame, oder in der von Herrn Meissner leben müsste, quält mich und versetzt mich in Schrecken.

Schade, dass nur ganz wenige Menschen von der Existenz dieser ihrer eigenen Welt wissen. Die meisten glauben, in einer einmaligen, einzigen und für alle gültigen Welt zu leben und versuchen, sich ihr anzugleichen, sich anzupassen.

Dabei nehmen sie ständig nur das auf, was von geschickten Managern als das Weltbild unserer modernen Zeit propagiert wird.

Ein aufgezwungenes Leben verdrängt das eigene Ich und schafft tief im Innern Gefühle von Resignation, von Minderwertigkeit und Selbstaufgabe. Wenn diese aufgesetzte Welt wenigstens Freude, Glück und Zufriedenheit suggerieren würde! Aber sie droht mit Weltuntergang, Atomzerstörung, mit Tod und Verderben für die Menschheit.

Die Welt, der wir uns angleichen sollen, fordert von uns die bedenkenlose Annahme einer Angstpsychose, eines festen Glaubens an die eigene Vernichtung und der Sinnlosigkeit des eigenen Seins. Ich soll glauben, dass mir der Atomtod droht, dass um mich herum die Atomkraftwerke explodieren und mich vernichten, dass ein verheerender Weltkrieg bereits vor der Tür steht, dass Atomraketen alle unsere Städte und unsere ganze Kultur zerstören werden.

Ich soll glauben, dass die Inanspruchnahme unserer Umwelt zu einer Katastrophe führen wird, dass unsere Wälder allesamt sterben werden, dass unsere Rohstoffe zu Ende gehen, dass unsere Flüsse vergiftet sind und dass Tiere und

Pflanzen durch unsere Umweltverschmutzung aussterben werden.

Ein weiterer Ausbau unserer Konsumgesellschaft bedeutet Gefahr; der große Zusammenbruch kann täglich erwartet werden. Wir stehen am Rand eines Pulverfasses.

Was bleibt mir dann übrig: ich zweifle an meinen Idealen, am Sinn meines ganzen Lebens überhaupt. Wozu soll ich mich anstrengen? Wozu soll ich mir meine Wünsche erfüllen? Wenn doch alles in absehbarer Zeit zusammenbricht und unsere Existenz ausgelöscht wird.

Ich verwandle mich in ein verkümmertes Häufchen voll Jammer und Wehklagen und denke nicht im entferntesten daran, dem Leben irgendeinen Sinn abzugewinnen. Und als Krönung meines jämmerlichen Erdendaseins überrasche ich die natürlichen Bausteine meines zum Überleben drängenden Menschseins mit der Schlussfolgerung, dass ich darauf verzichten muss, mich fortzupflanzen, weil ich es meinen Kindern nicht zumuten kann, in dieser grausamen Welt der Zukunft zu leben!

Ein Kurzschluss lähmt den Fortbestand der Menschheit! Nicht die Umweltverschmutzung, nicht der Atomtod, und auch nicht ein Weltkrieg, sondern die psychosomatische Erkrankung unserer Gedanken wird uns an den Rand des Abgrunds bringen!

Wir müssen uns aus der Umklammerung dieses negativen Einflusses befreien und zurückfinden zu unseren eigenen Welt in uns. Für viele wird es eine enorme Konzentration erfordern, das ‚Ich' wiederzufinden. Es ist schwer, zu unterscheiden, welche Gedanken, welche Meinungen, welche Erfahrungen aus einem selbst gekommen sind, und welche von außen auf uns eingeströmt und dann erst zu unserem Eigentum gemacht worden sind.

Man muss jede Erkenntnis neu überdenken und in einer tiefen Schau nach innen den wahren Gehalt an eigenen Gefühlen herausfiltern. Nichts darf dabei unmöglich sein, und kein Zwang darf den Lauf unserer Gedanken stören.

Langsam werden wir dadurch unsere Welt zurückerobern, eine Welt, die unserem Wesen und unseren Wünschen entspricht. Sie wird später, wenn sie stark genug ist, nach außen strahlen und unser Handeln beeinflussen, den Kontakt zu unseren Mitmenschen und deren Welten in einem glücklicheren und positiveren Empfinden ermöglichen, begleitet von dem Streben und der Hoffnung nach einer überlebensfähigen Zukunft für alle.

Wer den Kurzschluss in sich fühlt, sollte handeln, sollte sich auf die Suche machen nach den verborgenen Einzelteilen seines Weltbildes, an dem er vielleicht in seiner Jugend baute, und das dann später durch die äußeren Einflüsse langsam in die Ecke gedrängt und zerstückelt wurde. Es kann wie die Arbeit an einem Puzzle sein. Doch es lohnt sich, aus all den zerbrochenen Einzelteilen wieder ein Bild zu formen.

In meiner Welt gibt es die drohende Gefahr eines Krieges nicht. Die Argumente, die mich davon überzeugen wollen, sind zu schwach. Die Mehrheit aller Völker dieser Erde steht in einem wenn nicht freundschaftlichen, so doch aufmerksamen und achtungsvollen Kontakt zueinander.

Die Massenmedien haben heute Länder und Kulturen einander nähergebracht. Das Fernsehen lässt uns fast täglich Einblick nehmen in die Lebens- und Wesensart unserer

Nachbarn, öffnet für uns den Blick in die entferntesten Länder der Welt. Unsere Urlaubsreisen führen uns in ferne Kontinente und lassen uns persönliche Kontakte knüpfen mit Menschen verschiedenster Rasse und Nationalität. Niemand betrachtet den anderen als Feind, oder als Gegner, keiner wird von einer Staatsmacht aufgefordert, eine Waffe gegen den anderen zu erheben.

Natürlich gibt es Ausnahmen: Staaten, für die das moderne Zeitalter der allgemeinen Kommunikation und Zivilisation noch nicht begonnen hat, die in einer Welt mittelalterlichen Denkens verharren oder deren Menschen von den rückständigen Individualwelten einzelner Herrscher unterdrückt werden.

Die großen Machtblöcke stehen sich nicht voll Hass und Feindseligkeit gegenüber. Sie haben Meinungsverschiedenheiten, die auf dem Parkett der internationalen Diplomatie ausgetragen werden.

Die Menschen, die in diesen Machtbereichen leben, zeigen Verständnis füreinander, pflegen zum Teil selbst Kontakte und Bindungen über die Grenzen hinweg. In den Schulen gibt es keine Lehrer, die für den Krieg hetzen, die der Jugend ein Feindbild einprägen, - wie das früher einmal war. Es gibt keine Propaganda, die den Krieg verherrlicht, fast nirgendwo auf der Welt. Und in den Millionen von Einzelwelten in den Köpfen der Menschen steht der Wunsch nach Friede an oberster Stelle.

Für viele junge Menschen ist der Gedanke an Krieg geradezu absurd. Wer kann sich schon vorstellen, gegen ein anderes Volk ins Feld ziehen zu müssen? Für die Nachkriegsgeneration bedeutet Krieg etwas Unwirkliches, etwas, das der historischen Vergangenheit angehört.

Der zweite Weltkrieg ist für diese Generation genauso Geschichte, wie etwa der 3o-jährige Krieg. Argumente, welche damals die Kreuzritter dazu bewogen, ins Heilige Land zu ziehen, oder Überlegungen, die zum Ausbruch des ersten Weltkrieges geführt haben, sie alle werden heute als Produkt ihrer Zeit zwar verstanden, aber sie können in uns selbst nicht mehr nachvollzogen werden.

Unser Aufbruch in eine neue, friedvolle Phase des Menschseins ist in vollem Gange. Eine totale Veränderung des seit Jahrhunderten festgefahrenen Lebensstils findet statt. Es ist, als ob ein Samen endlich aufgegangen wäre und sich nun zu einer prachtvollen Pflanze entfaltet, in einer rastlosen Geschwindigkeit voll überschwänglicher Freude am Wachstum. Ist es nicht wunderschön, gerade in dieser Zeit zu leben, im Frühling einer neuen Menschheit?

Auch in meiner Welt werden Panzer und Raketen in riesiger Zahl hergestellt. Die großen Machtblöcke versuchen sich ständig an Zahl, Schlagkraft und Modernität ihrer Kriegsgeräte zu übertrumpfen. Man spricht von einem militärischen Gleichgewicht, von Abschreckung, die den Frieden sichert.

In Wirklichkeit ist es eine Drohgebärde, ähnlich dem bunten Federspiel des Vogels Strauß, wenn er drohend seine schillernden Farben vor dem vermeintlichen Feind ausbreitet. Sich zu verteidigen, sein Leben zu schützen, das Überleben zu sichern, all das bewirkt der menschliche Ur-Instinkt. Verteidigung allein beinhaltet schon Aggressivität und bejaht das Töten anderer Menschen zur Erhaltung des eigenen Lebens. Erst die Technik der modernen Kriegsführung hat

daraus eine Zerstörungsmaschinerie von ungeahnten Aus-
maßen geschaffen.

Im Kampf von Mann gegen Mann erreichte der
Mensch eine Befriedigung seines Überlebens-Instinktes.
Heute bedeutet Krieg die Ausrottung ganzer Völker, das
Töten von Frauen und Kindern, die Zerstörung eines gesamten Lebensraumes, und auch sicheren Tod und Verderben
für diejenigen, die den Kampf begonnen oder herausgefor-
dert haben.

Der Instinkt zieht sich zurück, gibt sich der Vernunft
geschlagen, - doch nur scheinbar. Denn das festgelegte Prinzip in der menschlichen Gehirnfunktion lässt sich durch
äußere Einflüsse und auch durch vernunftbeflissenes Zure-
den nicht ändern. Aber es lässt sich verdrängen, zumindest
Teilbereiche daraus, wie eben der Instinkt, der das Töten
anderer fordert, um selbst zu überleben. Unsere Generation
hat offensichtlich diesen Instinkt verdrängt. Die friedvollen
Jahrzehnte nach dem zweiten Weltkrieg scheinen dies zu
beweisen.

Doch wo sind unsere Instinkte geblieben? Sie bedrängen uns ständig, ohne dass wir es merken, und sie versuchen, der Unterdrückung zu entkommen. Doch unsere Vernunft erwies sich als stärker, bis jetzt. Denn wie ein kleines,
jähzorniges Kind schreit unser kriegsbesessener Tötungsin-
stinkt aus unserem Innern heraus: „Ihr werdet schon sehen,
wohin das Wettrüsten führt. Es wird einen verheerenden
Krieg geben, und dann müssen wir uns alle verteidigen, uns
unserer Haut wehren, um zu überleben!"

Ich sehe dieses kleine Teufelchen plötzlich vor mir. Es
ist so winzig klein, dass ich es durch ein Mikroskop betrach-

ten muss. Es tobt und quiekt und schreit, hüpft auf der Glasplatte unter der Vergrößerungsoptik herum.

Ich nehme eine zweite Glasplatte und schiebe sie vorsichtig über die untere Platte, auf welcher der Gnom herumspringt. Mit einem Ruck drücke ich das Glas hinunter und zerquetsche die kleine Gestalt. Ein kleiner roter Fleck bildet sich, durchwachsen von gelben und grünen Streifen. Ich blicke durch das Objektiv: ein grässlicher Eiterherd zeigt sich mir.

Doch als ich die Masse genauer fixiere, bemerke ich, dass sich darin etwas bewegt. Kleine Würmchen krabbeln herum, wandeln sich zu kleinen Männchen, und diese gleichen allesamt dem Teufelchen, das ich gerade zerquetscht habe.

Sie hüpfen in dem schmierigen Brei herum, als wäre es ein Tanzparkett. Drohend zeigen sie mir ihre Fäuste und ihre hässlichen Fratzen jagen mir einen Schauer über den Rücken. Manche brechen in der Mitte auseinander und die Teilstücke verwandeln sich zu selbständigen Kerlchen. Sie spalten sich, sie vermehren sich: eine brodelnde Masse, die zu explodieren scheint. Entsetzt wende ich mich ab und lehne mich zurück.

Die Putzfrau eilt herbei, nimmt das Mikroskop und knautscht es zusammen wie einen Pappbecher. Sie legt das Knäuel auf ein Tablett, auf dem schon anderer Abfall liegt.

Plötzlich bemerke ich, dass die Glasplatten, die unter der Vergrößerungsoptik befestigt waren, herausgefallen sind und noch immer auf meinem Tisch liegen. Doch ihre Größe hat sich blitzartig verändert: sie bedecken jetzt bereits den ganzen Tisch.

Die klebrige, eitrige Masse bewegt sich in tausend kleinen Punkten. Die gelben und grünen Farbstränge vermischen sich mit dem grässlichen Rot.

Hilfesuchend starre ich auf die Putzfrau. Sie lächelt mich milde an und klatscht mit ihrem feuchten Wischtuch auf meinen Tisch.

Ich schrecke hoch, denn es ist ein fürchterlicher Anblick, wie sich das feuchte Tuch mit dem abscheulichen Brei vermischt. Die Hand mit dem Lappen beschreibt nun Kreise, rührt in der Masse herum wie in einem Teig. Ich will aufstehen und weggehen, doch die Körperfülle der vor mir stehenden Frau hindert mich daran. Ich spüre ihre Wärme, und ihren Eifer.

Die Bewegungen erscheinen mir jetzt wie eine einzige Spirale, die nach unten zieht. Wie in einem Sog kräuselt sich der Eiter-Teig nach unten, und die Hand mit dem Tuch folgt ihm dabei. Immer weiter sinkt der Arm der Frau in die Tischplatte hinein, und wird dabei immer länger und länger. Der Brei wird kleiner und ist zuletzt am Ende der Spirale nur noch als Punkt wahrzunehmen. Die Hand zieht sich wieder zurück, taucht aus dem Loch auf. Der Arm erreicht wieder seine normale Länge. Die Frau lässt das Wischtuch auf das Tablett plumpsen, lächelt mich noch einmal gütig an und geht weg.

Ich blicke wieder auf den Tisch. Er ist sauber und spiegelblank. Mein Bierglas ist noch halb voll. Doch die Flüssigkeit darin hat eine rötliche Färbung. Ich beuge mich über das Glas und untersuche den Inhalt. Dabei wiederholt sich mein Eindruck von vorhin: es ist dieselbe grässliche Masse, die ich gerade eben im unendlichen Strudel verschwinden sah. Es schaudert mich. Ich wende meinen Blick von dem Glas ab, schiebe es weit von mir fort und lehne mich zurück.

Die Angst vor einer unausweichlichen Gefahr steigt in mir hoch. Ich fürchte mich vor dem Ausbruch jener blutrünstigen Instinkte, die wir bisher erfolgreich in den hintersten Winkel unseres Seins verbannt haben. Eines Tages könnten sie aus ihrem Gefängnis entrinnen, die dünne Trennwand durchbrechen und von unserem Bewusstsein Besitz nehmen.

Jetzt verstehe ich auch, aus welchem Winkel unseres Seins die Angst vor der drohenden Gefahr eines alles zerstörenden Krieges ihren Ausgang nimmt. Es ist unsere eigene Angst, den jahrelang unterdrückten Instinkt in uns nicht mehr bändigen zu können.

Deshalb sind Spiele so überaus beliebt, die Sieg verheißen auf Kosten der Niederlage von anderen, und sie lassen unser ganzes Wesen sich einsetzen im anfeuernden Sturm der Begeisterung, oder in der erschütternden Enttäuschung über die Niederlage.

Ein Fußball, der sein Tor erreicht, bringt den einen das befriedigende Glücksgefühl der Überlegenheit, den anderen den schmerzlichen Verlust eines angestrebten Zieles.

Der Unterlegene wird aufgefordert zu besserer Verteidigung und zu gesteigerter Kampfkraft beim Angriff. Es sind Kriegsspiele, die ersatzweise unseren Instinkt besänftigen, beruhigen und befriedigen, insbesondere, wenn es sich um Weltmeisterschaften handelt, um Kämpfe verschiedener Staaten gegeneinander.

Vielleicht sollten die Menschen noch mehr derartige

Spiele erfinden und sie in einem viel häufigerem Wechsel gegeneinander austragen?!

Das Geld aus der Rüstungsindustrie könnte dazu benutzt werden! Denn dadurch könnte unser Instinkt effektiver befriedigt werden als durch die Produktion von Waffen.

Die heutige moderne Kriegstechnik eignet sich nur zu Sandkastenspielen und theoretischen Berechnungen über den Ausgang eines Kampfes mit dem vermeintlichen Feind.

In der Realität lassen sich diese Superwaffen nicht einsetzen, weil sie eine völlige Zerstörung unserer Welt und unseres Seins zur Folge hätten.

Dies aber widerspricht unseren Ur-Instinkt mit seiner Forderung nach Überleben. Daher wird niemand diesen Kampf zulassen, auslösen oder auch nur befürworten. Die einzige Befriedigung, die aus der heutigen Rüstungsproduktion resultieren kann, ist die, dass man auf Grund von Reichweiten und messbaren Zerstörungsgrößen das gegenseitige Potential aneinander abwägen und ausrechnen kann, wer den einen um ein Vielfaches öfter töten kann, als es der andere vermag.

Dazu kommt, sozusagen als Bereicherung, dass der technische Fortschritt ständig eine als Superwaffe gepriesene Neuheit wieder als veraltet und schrottreif erklärt und eine noch modernere, effektivere Waffe mit noch stärkerer Zerstörungskraft erfindet und in Produktion gehen lässt.

Die Kriege beschränken sich auf die Verhandlungstische der Rüstungsexperten, die ihre Instinkte dadurch befriedigen, dass sie sich gegenseitig ihre Stärke vorrechnen.

Für die unbeteiligten Zuschauer an diesem Spiel entfällt der Effekt der Befriedigung und was bleibt, ist allein die Angst, dass einmal irgendeiner von diesen mathematischen Kriegsspielern aus der Unbefriedigtheit seines Instinkts oder durch eine krankhafte Entwicklung seines Gehirns zu der katastrophalen Fortsetzung seiner theoretischen Überlegungen in der Praxis fähig wäre.

Unsere Angst ist die Angst des Unwissenden, der nicht darüber informiert ist, wie die Machtbefugnisse verteilt sind, der aber sehr wohl informiert ist darüber, dass sein eigenes Leben durch einen einzigen Knopfdruck zerstört werden könnte. Sich davor nicht schützen können, sich nicht verteidigen können, ohnmächtig ausgeliefert sein irgendwelchen unsichtbaren Mächten, ohne die Chance eines Kampfes mit dem Gegner, - das ist die eigentliche Angst, die uns beherrscht.

Ist sie denn wirklich begründet? Kann denn ein einziger Wirrkopf einen Atomkrieg anzetteln? Kriege sind doch noch nie überraschend, ohne Vorankündigung, ohne die deutlichen Zeichen der Hetze und der Propaganda gegen den Feind ausgebrochen. Sollte der nächste Krieg denn durch Zufall entstehen, aus Versehen etwa? Wenn ihn die Menschen nicht wollen, werden sie ihn zu verhindern wissen! Die Wahnsinnstat eines einzelnen wird den Weltuntergang nicht heraufbeschwören. Die Vernunft der restlichen Millionen wird das nicht zulassen!

Und trotzdem, was sind das für Menschen, die sich wie Lemminge in die Luft sprengen, um damit möglichst viele mit in den Tod zu reißen? Hat bei ihnen der verborgene, verdrängte und versteckte Aggressions- und Vernichtungsteufel die dünne Membran durchbrochen und ist aus dem Unterbewusstsein in das Bewusstsein gelangt? Leben sie in einer uns völlig fremden, unbekannten, anderen Welt? Oder sind sie Sklaven eines Weltbildes, das von wenigen erschaffen wurde?

Sind sie noch mittelalterlichen Denkweisen verhaftet oder haben sie unser neuzeitliches Denken bereits überholt und sind in ihrer Welt bereits ins Jenseits vorgedrungen, in ein Jenseits, in das sie sich freudig und überzeugt hinüber bomben? Welches Weltbild und welches Gehirn muss das sein, das Menschen befähigt, vollbesetzte Flugzeuge in Hochhäuser zu fliegen?

Unser christliches Weltbild, unsere westliche Weltanschauung, - wie sollen wir eigentlich die Gesamtheit unserer ähnlichen Einzelwelten nennen? Wie auch immer, unsere Welt ist offenbar nicht mehr attraktiv und überzeugend genug, um eine Diskussion mit jenen anderen Welten zu bestehen. Aber wie soll man auch mit Leuten reden können, für die eine Vernichtung ihrer Mitmenschen nichts bedeutet.

Wenn wir nicht aufpassen, dann holen sie uns aus unseren hoch entwickelten Denkgebäuden, aus unseren friedfertigen Elfenbeintürmen, aus unserer so weit gediehenen Zivilisation und bomben uns zurück in das Aggressivitätsverhalten des Mittelalters oder der Steinzeit. Mord und Totschlag, Hass und Elend!

Es fällt auf, dass es meistens Männer sind, die kämpfen, morden, bomben, angreifen, verteidigen und zerstören. Hat etwa erst die Gleichberechtigung zwischen Mann und Frau, das tatkräftige Mitwirken der Frauen an unserem Weltbild eine hoch entwickelte Zivilisationen hervorgebracht? Das Bewahren und Hüten von Werten lässt friedfertigen Samen viel besser gedeihen als aggressives Machtdenken und kriegerische Auseinandersetzung in welcher Form auch immer.

Der Autoverkehr vor meinem Fenster hat aufgehört. Die Fußgänger auf den Gehsteigen sammeln sich am Straßenrand. Teilweise steigen sie auf die geparkten Autos und setzen sich auf die Dächer. Eine Marschmusik ertönt, wird immer lauter. In breiter Formation wälzt sich ein Demonstrationszug die Straße entlang. Ganz vorne, wie ein Dirigent einer Musikkapelle, marschiert die Frau, die heute schon einmal mit ihren Hunden an meinem Fenster vorbeigekommen ist. Sie hält ihre Lieblinge in ihren ausgestreckten Armen, links und rechts, und stemmt die Hunde abwechselnd nach oben, lässt sie dann wieder nach unten sinken, alles im Takt der Marschmusik. Ihr Gesicht ist fröhlich und beseelt. Sie ist eins im Takt der Marschierenden.

Die Hunde blicken herausfordernd in die Menge und bellen manchmal. Hinter der Frau bewegt sich eine dichte Masse. Die Leute schwingen Fahnen und tragen Transparente. ‚Frieden' steht auf einem. ‚Nie wieder Krieg' auf einem anderem. Sie werfen Blumen in die Menge, die am Straßenrand steht. Manchmal umarmen sich wildfremde Menschen und küssen sich. Es erinnert mich plötzlich an eine Siegesfeier, nach einem gewonnenen Kampf, oder nach einem erfolgreichen Fußballspiel.

Noch ehe ich weiter darüber nachdenken kann, warum die Demonstranten den Frieden fordern, in einer Zeit, die gar keinen Krieg mehr kennt, werde ich abgelenkt durch eine marschierende Musikkapelle.

Doch es sind keine Musikanten, es sind zu meiner Verwunderung die Mädchen, die vor kurzem noch hier im

Restaurant saßen. Sie alle tragen kurze Röckchen, wie bei der Steuben -Parade in New York, und pusten kräftig in die Blasinstrumente, welche sie umgeschnallt haben. Ihr Schritt ist zackig, und ihre Stiefelchen knallen im Takt der Musik auf das Pflaster.

Das Publikum am Straßenrand applaudiert. Auch im Restaurant sind alle Gäste zusammengelaufen und drücken sich an den Fensterscheiben. Die blonde Dame hat einige Biergläser auf einem Tablett und balanciert damit dem Ausgang zu, hinaus auf die Straße. Sie drückt sich durch die Menge und verteilt die Gläser, nicht etwa gratis, nein, - sie kassiert dafür.

Langsam trappelt die Mädchenkapelle vorbei, bis ich ihr Schlusslicht sehe, einen kleinen Wagen, auf dem eine Trommel steht. Dort sitzt auf einem kleinen Hocker ein Mädchen und schlägt den Takt. Sie blickt zu mir herüber, lächelt mir freundlich zu. Es ist Anke. Ich winke zurück. Auch sie versucht nun, mich zu grüßen und hebt den Arm. Dabei kommt sie aus dem Takt.

Die Marschmusik verliert ihren Rhythmus. Ein Tumult entsteht. Die Beinchen der anderen Musikantinnen geraten durcheinander. Wie Zahnstocher purzeln sie kreuz und quer, liegen plötzlich da wie ein zusammengestürzter Scheiterhaufen. Krachend und klappernd purzeln die Blasinstrumente über den Asphalt. Die ganze Gruppe ist in ein Knäuel verstrickt.

Passanten und Zuschauer eilen herbei, wollen den Mädchen aufhelfen, machen jedoch die ganze Situation damit noch schlimmer. Die vordere Gruppe der Marschierenden dreht um, wälzt sich über das bereits entstandene Knäuel hinweg. Doch oben aus dem Menschenberg ragt, sich aufgeregt hin- und herbewegend, das Schild mit der Aufschrift ‚Frieden'.

Langsam beruhigt sich der Menschenberg, aber nicht so, wie man die Auflösung einer Menschenansammlung gewöhnt ist. Die übereinander gehäuften Leiber zappeln nur noch ein wenig, dann bleiben sie ganz ruhig.

Die von den Straßenseiten herangeeilten Passanten bilden den Abhang eines steil aufsteigenden Hügels, der langsam nach unten hin verebbt. Die bunten Farben der Kleidungsstücke vermischen sich mit einem saftigen Grün, das von oben herab nach unten läuft und sich am Straßenrand kräuselt.

Es ist irisches, duftendes Gras, und auf ihm wachsen Blumen in farbiger Vielfalt. Zwei Hunde laufen über den Abhang, schnüffeln an den Blumen und pinkeln ins Gras.

Die restlichen Passanten, die neu hinzugekommen sind, stehen staunend vor dem wunderschönen Hügel und starren gedankenverloren auf das Schild, das oben über den Gipfelpunkt des Hügels hinausragt: ‚Friede'.

Die Sonne breitet ihre Strahlen sanft über den seltsamen Hügel. An seiner Kante glitzert das frische Gras im Gegenlicht. Die Bewegungen der Menschen sind langsamer geworden; auch wenn sie gehen, habe ich den Eindruck, dass sie nur mit halber Geschwindigkeit vorankommen. Alles ist viel beschaulicher, selbst die Bewegungen der Blumen und Gräser im Wind wirken verlangsamt.

Ich verspüre ein starkes Verlangen, nach draußen zu gehen, und alles aus der Nähe zu beobachten. Beim Aufstehen fühle ich, dass ich selbst mich mit halber Geschwindigkeit fortbewege. Es kommt dem Schweben gleich. Ich gleite über den Boden und spüre, dass die Anziehungskraft der Erde weniger geworden ist. Jedes Mal, wenn ich mich vom Boden abstoße, schwebe ich gleichsam durch eine Schubkraft gehoben einige Schritte weiter und lande dann wieder sanft auf der Erde. Die anderen Gäste blicken mir staunend nach, doch auch ihre Bewegungen und Blicke sind verlangsamt.

Dieserart schwebe ich also durch den Ausgang hinaus und gelange an den Fuß des seltsamen Blumenberges. Ein würziger Duft strömt mir entgegen, als würde die Natur ihren ganzen Vorrat an Gerüchen nur hier, an diesem Ort verströmen. Ich sinke in die Knie und berühre mit den Händen den saftigen Boden. Langsam rolle ich mich zur Seite und strecke mich auf dem Rücken aus. In meinen Augenwinkeln sehe ich bunte Blumen im Wind hin- und herschwingen. Über mir ist ein dunkelblauer Himmel, - und sonst nichts. Ich spüre, wie die Sonne auf meinen Körper trifft und ihn durchströmt.

Ich fühle die Energie, die sich in mir auf unerklärliche Weise ansammelt und gespeichert wird. Es ist ein direkter Kontakt zur Sonne, eine Verbindung, eine Auflösung meines eigenen Ichs in den gelblich flimmernden Strahlen. Plötzlich höre ich ein Summen und Brummen, das immer näher kommt. Ich liege still und bewege mich nicht. Auch wenn ich es wollte, ich fühle mich starr und bin mir darüber im Klaren, dass ich zu keiner Regung fähig bin.

Über mir, im Blau des Himmels, taucht das Gesicht der geschminkten Dame auf, die mir beim Essen gegenüber saß. Ihre Nasenflügel vibrieren nach außen und innen und erzeugen dadurch den Brumm - Ton, der mich aufschreckte. Schon möchte ich darüber lachen, doch jetzt beugt die Dame sich zu mir herab und setzt zu einem Kuss an. Mir graut davor. Ich versuche, mich abzuwenden, die Lippen gewaltsam aufeinander zu pressen, doch es gelingt mir nicht. Steif und stumm wie eine Blume im Wind lasse ich das Unvermeidliche mit mir geschehen.

Ihre Lippen fühlen sich klebrig an, und ihre Zunge eiskalt. Es ist mir, als würde ich in einen dunklen Eistunnel tauchen, denn ihr Gesicht und die herabhängenden Haare lassen keinen Lichtstrahl durch. So rasch, wie sie gekommen ist, brummt sie auch wieder davon. Plötzlich fühle ich, dass ich mich wieder bewegen kann.

Mir geht es wie einem Märchenprinzen, der gerade von einer guten Fee wachgeküsst worden ist. Ich setze mich auf und blicke an den Rand des Hügels hinunter.

Einzelne Passanten schweben vorbei. ‚Schweben' ist der richtige Ausdruck, denn nur so kann ich den verlangsamten Schritt ihrer Bewegungen bezeichnen. Mein Kopf brummt, als hätte die vermeintliche Biene ihren Summton bei mir hinterlegt. Und plötzlich verspüre ich starken Durst.

In meiner Phantasie sehe ich bereits ein kühles Bier vor mir stehen, mit einer wunderbaren Schaumkrone. Schnell richte ich mich auf, - zu schnell, denn durch das hastige Hochfedern werde ich über die Köpfe der vorbeigehenden Passanten hinauskatapultiert und gelange etwas unsanft in der Höhe des ersten Stockes an die Hausmauer, an der ich jetzt herunterrutsche.

Sorgfältig wähle ich nun meine Bewegungen aus und gelange schwebend und hüpfend wieder in das Restaurant,

wo ich, mich an der Theke anklammernd, zum Stehen komme.

Ich bestelle ein Bier, doch wie ich mich auch bemühe,
ich höre meine Stimme nicht.

ZEHNTES BIER

Es ist auch nicht notwendig, denn die Chefin hat meinen Wunsch bereits verstanden. Sie hält ein gefülltes Glas in der Hand und wirft es mir zu. Dabei lacht sie über das ganze Gesicht und freut sich über mein Erschrecken.

Doch es gelingt mir leicht, das Glas aufzufangen, denn es schwebt in gemütlicher Langsamkeit auf mich zu. Ich ziehe eine Münze heraus und werfe sie über die Theke. Dabei gebe ich ihr mit den Fingern einen kleinen Drall. Wie ein Schmetterling flattert das Geldstück durch die Luft und landet sanft auf der Hand der Chefin.

Ich schwebe an meinen Platz und setze mich. Dann bringe ich das Glas an meine Lippen und trinke genüsslich einen ausgiebigen Schluck. Das Bier fließt langsam nach hinten, benetzt wie eine ölige Flüssigkeit meinen Schlund. Das Fließen setzt sich fort in einem breiten Wasserstrahl, der sich aus einem Schlauch ergießt und hoch nach oben steigt, wo er fontänengleich im Gegenlicht der Sonne tausenden Einzelkristallen gleich zu Boden stürzt.

Der Fremdarbeiter in seiner blauen Montur hält den Schlauch. Er steht nahe bei meinem Fenster und lächelt mir zu. Ich möchte ihm zu verstehen geben, dass er aufhören soll, den Hügel zu bespritzen, und deute mit ausholenden Gesten an, was er tun soll. Doch er versteht mich nicht und lässt ununterbrochen den dichten Wasserstrahl über den Hügel prasseln.

Langsam werden das saftige Grün und die Blumen darauf fortgespült und sammeln sich in einem schmutzigen Morast am Straßenrand.

Die darunter liegende Erde löst sich auf, wird zu einem schmutzigen Wasser und fließt der Bordsteinkante entlang in den Gully.

In dem Maße, wie der Hügel sich verkleinert, nimmt auch die Schnelligkeit der Bewegungen wieder zu, und bald hasten die Menschen wieder an meinem Fenster vorbei. Der Arbeiter richtet den Schlauch nun waagrecht über die Straße und fegt mit dem schäumenden Wasserstrahl die letzten schmutzigen Erdhäufchen hinweg. Schon tasten sich vorsichtig die ersten Fahrzeuge über den Asphalt, und bald setzt der tosende Verkehr wieder ein, als wäre nichts gewesen.

Der Arbeiter mit dem Wasserschlauch ist verschwunden. Er hat den Hügel vernichtet, ohne eine einzige menschliche Regung zeigen. Für ihn war es eine Arbeit, die man ihm aufgetragen hatte, und er hat sie ordnungsgemäß durchgeführt.

Er hatte einen Befehl erhalten, und den hat er befolgt, gedankenlos und ohne Skrupel. Ein Roboter, der nur seinem Herrn gehorcht und sich durch nichts von der Ausführung eines Befehles abbringen lässt.

Die Macht des Militärs stützt sich auf die bedingungslose Einhaltung von Befehlen. Menschen werden dafür bezahlt, dass sie ohne zu überlegen die Anweisungen ihrer vorgesetzten Befehlshaber befolgen.

Es entsteht sogar die groteske Situation, dass die Vorgesetzten selbst Befehlsempfänger sind, von einem höheren Dienstgrad, und diese Kette setzt sich fort bis an die Spitze der Organisation.

Ein falscher Befehl also, der in den Trichter ganz oben einfließt, schießt durch den ganzen Apparat, ohne gefiltert zu werden, ohne dass ein einziges menschliches Gehirn sich seine Gedanken über die Richtigkeit oder Durchführbarkeit macht. Das macht die Schlagkraft der Truppe aus: absolutes Gehorsam gegenüber dem obersten Befehlsorgan. Diese Leistung des menschlichen Gehirns beweist es: der Mensch ist zu äußerster Selbstdisziplin fähig; er kann seinen Willen einem anderen völlig unterordnen, auch wenn dieser den Tod von ihm verlangt.

Ist das etwa der Grund dafür, weshalb Kriege noch immer möglich sind? Nur einige wenige brauchen ihn wollen; die restlichen Millionen sind lediglich Befehlsempfänger. Sind wir denn wirklich immer noch Untertanen, gehorchen wir denn immer noch ehrerbietig den Anordnungen von oben?

Wir sollten endlich aufhören mit der Bevormundung! Wenn wir selbst nicht ständig anderen Mitmenschen unseren Willen aufzwingen, werden wir auch empfindsam werden für die heimliche und gewaltsame Einflussnahme anderer in den Ablauf unseres eigenen Lebens.

Wir müssen lernen, uns durchzusetzen, unsere Welt gegenüber den anderen Welten verteidigen! Mit beiden Ellbogen sich einen Weg durch die Masse bahnen!

Halt! Nein! Wieder verkehrt! Ich soll dabei ja meine Mitmenschen nicht bedrängen, sie nicht einengen, sie nicht bevormunden. Wie soll ich mich denn selbst entfalten, ohne die anderen dabei zu beschneiden?

Soll ich denn immer den anderen den Vortritt lassen, - beim Einsteigen in den Fahrstuhl genauso wie beim Herumtrampeln auf dem Gedankengebäude meiner Welt? Es muss eine Möglichkeit geben, mich einzugrenzen auf einen Bereich, der einzig und allein mir gehört, den niemand betreten darf, ohne dass ich meine Erlaubnis dazu gebe!

„Setzen Sie sich gefälligst woanders hin!" brülle ich einen jungen Mann an, der sich gerade mit einem Würstchen zu mir setzen will.

„Ja, aber", meint er zögernd.

„Nichts da", schreie ich zurück. „Das ist mein Gebiet hier, meine Welt. Dieser Tisch gehört mir, und ich dulde nicht, dass andere Leute ... „

„Schon gut", unterbricht mich der junge Mann. „Entschuldigung, ich geh ja schon." Er wendet sich ab, jedoch zu meinem großen Erstaunen nicht in die Richtung des Restaurants, sondern er geht mit einer ruckartigen Bewegung auf das Fenster neben mir zu, stößt es mit dem Ellbogen ein.

Klirrend und krachend berstet das großflächige Glas und die Scherben poltern zu Boden. Ein Luftzug braust von draußen über mich hinweg in das Innere des Raumes.

Der junge Mann hüpft hinaus. Auf dem Gehsteig dreht er sich noch einmal nach mir um. „Entschuldigung, wenn ich ihr Glashaus zerbrochen habe. Ich wollte nicht stören!"

Er steckt sein Würstchen in den Senf, beißt ab und geht kauend weiter.

Plötzlich steht die blonde Chefin an meinem Tisch. „Sehen Sie", sagt sie. „Das war wieder einer von diesen besoffenen Jugendlichen. Sie haben es ja nicht glauben wollen!"

„Aber ich habe doch nur ..." stammle ich. „Ich wollte doch nur, dass ..."

„Keine Widerrede", keift sie mich an. „Wir haben für solche Fälle vorgesorgt. Passen Sie auf. Rühren Sie sich nicht von der Stelle!"

Sie zieht eine kleine Kurbel aus der Seitentasche ihres Arbeitsmantels, steckt sie in eine Öffnung an der Mauer und beginnt zu drehen, wie ein Leierkastenmann.

Dabei singt sie:

„Schlage Glas kaputt,
dann kommt es auf den Schutt.
Dreh die Kurbel sanft im Kreise,
kommt auf wundersame Weise,
neues Glas auf dich herab,
drückt das alte in das Grab."

Von oben senkt sich eine neue Glasscheibe herunter, rutscht dem Metallrahmen des Fensters entlang und rastet mit einem hörbaren Klicken im Spalt auf dem Fensterbrett ein. Das neue Glas hat die restlichen Scherben einfach hinausgedrückt.

Die Putzfrau sammelt die Stücke, die im Restaurant verblieben sind, ein und wirft sie in einen großen Karton.

Ich blicke nach draußen und sehe, wie die Scherben auf dem Gehsteig von den Füssen der achtlos vorbeitrampelnden Passanten zerdrückt und langsam zu einem kristallartig glitzernden Brei gestampft werden.

Die Putzfrau trägt den Karton weg und verschwindet damit durch eine Hintertür.

Gutgelaunt wischt die blonde Chefin mit der Hand über meinen Tisch, entdeckt dabei noch eine kleine Glasscherbe. Sie nimmt das glitzernde Etwas hoch und hält es gegen das Licht. Dabei dichtet sie weiter:

„Glas ist hell,
verschwindet schnell,
ist nicht zu sehen,
bleibt trotzdem bestehen."

Sie nimmt das Glasstück und steckt es in den Mund, wie ein Lutschbonbon. Dann geht sie wieder nach vorne an die Theke und lässt mich staunend zurück.

Ich suche das Fenster ab. Nichts deutet mehr auf die zerbrochene Scheibe hin. Nur der zersplitterte Glasbrei draußen auf dem Gehsteig. Ich bemühe mich, ihn zwischen den trampelnden Füssen zu erkennen.

Doch er hat sich aufgelöst, hat sich auf hunderten von Fußsohlen verteilt und wandert nun als glitzernder Staub durch die Straßen und in die Wohnungen der Menschen.

Nicht anders ergeht es der Sehnsucht nach Frieden, die alle Menschen erfasst hat: die glitzernden, funkensprühenden Teilchen haben sich in den Köpfen eingenistet und fühlen sich zugehörig zu der Einheit eines weltumfassenden Gedankens.

Es sind Verschwörer, die nur die halbe Wahrheit ihres Wesens in schillernder Schönheit vorgaukeln, während sie die messerscharfen Kanten am Rande ihres Glanzes verschweigen.

Friedfertigkeit nützt jenen, die es nicht sind! Ein zurückhaltender, höflicher Mensch wird immer von jenen übervorteilt werden, die es verstehen, ihren Lebensraum mit Gewalt auszuweiten und zu festigen.

Ein Überleben in der Welt seiner eigenen Maßstäbe ist

immer nur möglich durch den Verzicht anderer. Wann ist die Grenze dieses Verzichtes erreicht? Wie weit darf ich meinen eigenen Lebensraum ausbreiten?

Kein Gesetz beantwortet diese Fragen. Die Natur regelt dies, indem sie dem Stärkeren Recht gibt. Denn er hat die beste Chance, zu überleben. Und ‚Überleben' ist das oberste Gebot. Worte wie ‚Frieden' und ‚Freiheit' haben in den unwiderruflichen Gesetzmäßigkeiten der Natur nichts zu suchen. Es sind nebulose Scheingebilde, Erfindungen eines verträumten menschlichen Wunschdenkens, süße Traummelodien, die uns berauschen und uns die Fähigkeit rauben, die Gefahren unserer Umwelt klar und deutlich zu erkennen.

Niemals werden Menschen in Frieden miteinander leben können, denn die inneren Kräfte unseres Wesens signalisieren Kampf und Verteidigung: Kampf um das eigene Überleben und Verteidigung des erreichten Lebensraumes.

Unser Denken kann nicht frei von Aggression sein, allein schon deshalb nicht, weil chemische Vorgänge in uns Aggression erzeugen, auch wenn wir es nicht wollten.

Ein Leben in Frieden gelingt uns heute nur deshalb, weil wir einen Lebensstandard erreicht haben, der unser rein physisches Überleben auf jeden Fall gewährleistet und uns dieser Angst vollkommen enthebt.

Nur die Erhaltung dieses sicheren Lebensraumes bereitet uns Sorge: hier gilt es zu verteidigen.

Genauso, wie wir als Einzelmenschen uns gegenüber unserem Mitmenschen abschirmen, so fühlt auch die Gemeinschaft aller Einzelwelten, der Staat, das lebensnotwendige Bedürfnis, seine Errungenschaften gegenüber anderen Staaten zu verteidigen.

So drohen sich alle gegenseitig mit hundertfacher Vernichtung im Falle eines Angriffes und erfinden ständig neue Waffen und Systeme, um in diesem Spiel der Gedanken der Stärkere zu sein.

Allein die Drohung mit hundertfacher Vernichtung verhindert den Angriff und hat einen Jahrtausende alten Ablauf von naturgegebenen Gesetzmäßigkeiten in uns zum Schwanken gebracht: Kampf und Verteidigung sicherte unser Überleben.

Heute bedeutet Kampf und Verteidigung für uns den sicheren Tod. Eine Patt-Situation für unser Gehirn, aus der es keinen Ausweg findet. Der Friede ist nicht wirklich, er ist auch nicht in uns; er ist uns aufgezwungen.

Nicht einmal über den Wolken kann Freiheit grenzenlos sein: die Zwänge, welche ein gemeinschaftliches Zusammenleben von Menschen ermöglichen, bewirken gleichzeitig eine starke Einengung des Begriffes ‚Freiheit'.

Aber auch ohne die Zwänge einer menschlichen Gemeinschaft kann ‚Freiheit' kaum zu verwirklichen sein: ein Mensch allein auf einer einsamen Insel wird durch die Probleme der Nahrungsbeschaffung, durch die Sicherung seines Überlebens sofort in eine unbarmherzige Abhängigkeit mit der ihn umgebenden Natur geraten, und Freiheit im Sinne von frei und ungebunden sein wird er kaum empfinden.

Das Wort ‚Freiheit' kann nur im Sinne von ‚mehr Freiheit' oder ‚weniger Freiheit' gebraucht werden. Zwänge umgeben uns überall und begleiten uns das ganze Leben. Die idealisierte Freiheit gibt es nicht.

Ein einziger Befehl bereits, der zu befolgen für den

Empfänger lebensnotwendig ist, zerstört dessen Freiheit und macht ein Argumentieren über ‚mehr' oder ‚weniger' vollkommen sinnlos.

Ein Soldat bezieht seinen Gehalt dafür, dass er Befehle unwidersprochen ausführt. Er lebt davon, dass er tut, was andere von ihm verlangen.

Doch nicht nur er: jeder, der Geld verdient, fügt sich den Anordnungen seines Geldgebers. Denn durch seinen Verdienst gewährleistet er sein Überleben und das seiner Familie.

Untertänigkeit und Duckmäusertum garantieren also heute den Fortbestand des Menschen und haben den Kampf ums Überlehen gründlich gewandelt. Doch schließlich sind nicht alle Befehle und Anordnungen widerwärtig und unserem Wesen gegenläufig. Auch ein Soldat wird sehr oft einen Befehl akzeptieren, weil er einfach sinnvoll ist und er selbst als Befehlshaber ihn zur gegebenen Situation auch erteilt hätte.

Ein Arbeitgeber wird bemüht sein, seine Anordnungen so zu treffen, dass sie dem Wohlergehen seiner ganzen Firma dienlich sind. Menschen, welche die Befugnis erlangen, anderen Anweisungen zu geben, haben ihre Fähigkeiten dazu meist in langjähriger Schulung erworben. Es scheint also von Vorteil zu sein, Entscheidungen einem dafür geschulten Gehirn zu überlassen und sie zum Wohle aller vertrauensvoll hinzunehmen.

Doch leider schließt das die Möglichkeit des Missbrauches nicht aus. Wer schützt uns vor falschen Entscheidungen? Nur unser eigener Widerspruch!

Als die Eisenbahn erfunden wurde, glaubte man, dass

der Mensch die hohen Geschwindigkeiten nicht aushalten könne und verrückt werden müsse. Die Lokomotive funktionierte dadurch, dass man Wasser kochen ließ und den Druck des eingeschlossenen Dampfes zur Fortbewegung nutzte.

Heute bedienen wir uns der Atomkraft, um heißes Wasser zu kochen. Der Dampf treibt Turbinen. Wo bleibt da der Fortschritt?

Wir sollten abwarten, bis es unseren Forschern gelingt, die ungeheuere Kraft, welche bei der Atomspaltung entsteht, direkt in brauchbare Energie umzuwandeln. Es ist doch offensichtlich, dass die wesentliche Erfindung auf diesem Gebiet noch aussteht!

Atomkraftwerke bedrohen unser Leben, sagt man uns. Andere behaupten, dass sie für unsere Energieversorgung von größter Wichtigkeit sind. Der Atom-Müll soll nach Jahrhunderten noch gefährlich sein.

Wo bleibt unser Widerspruch? Er scheint ungehört zu verhallen, wahrscheinlich deshalb, weil aus ihm nur die Angst spricht, bei einem Reaktorunfall ums Leben zu kommen, oder durch den Atommüll vergiftet zu werden.

Vernünftige Gründe oder Gegenvorschläge können wir nicht vorbringen. Unser Vertrauen in die technischen Sicherheitsvorkehrungen ist gering.

Wir fürchten uns vor der Entscheidungsgewalt der Forscher, der Wissenschaftler und der Politiker. Sind Fehlentscheidungen ausgeschlossen? Wie hoch ist der Verstand von Leuten einzuschätzen, welche die phantastische Kraft des Atoms dazu benutzen, heißes Wasser zu kochen?

Meine Finger gleiten nachdenklich über die runde Außenseite meines Bierglases. Ich stelle fest, dass es leer ist.

Vorsichtig lege ich meine flache Hand auf die Öffnung des Glases und drücke darauf. Wie eine weiche Plastikmasse schiebt sich das Glas nach unten hin zusammen, schmilzt unter dem Druck meiner Hand zu einem kleinen Häufchen. Ich tippe mit dem Zeigefinger darauf und mache kreisende Bewegungen. Plötzlich fühle ich, wie das weiche Material sich härtet. Es wird kalt und metallisch. Ich nehme das kreisrunde Ding hoch und betrachte es. Es ist ein Geldstück.

Im nächsten Moment nimmt mir jemand das Geldstück aus der Hand. Es ist die blonde Chefin. Sie stellt lächelnd ein frisches Bier auf den Bierdeckel, steckt dabei die Münze ein.

So schnell wie sie gekommen ist, verschwindet sie auch wieder. Ich blicke ihr staunend nach, habe ganz vergessen, mich zu bedanken.

ELFTES BIER

Ich setze das Glas an die Lippen und trinke. Kühl und erfrischend fließt das Bier in mich hinein. Ich kann nicht aufhören und trinke ununterbrochen weiter. Doch das Glas leert sich nicht. Ich fühle, dass ich es nicht weiter abkippen muss, um an das restliche Bier zu gelangen. Ständig fließt das kühle Nass durch meine Kehle und trotzdem verändert sich der Inhalt des Glases nicht. Es ist mir unheimlich, und außerdem habe ich genug getrunken. Ich stelle das Glas wieder ab und starre gedankenverloren darauf.

Unendlichkeit beeindruckt uns Menschen sehr. Jede Begegnung mit ihr lässt uns ehrfürchtig erschauern. Es wäre schön, wenn unendlich viel Bier aus diesem Glas flösse. Es würde für mein ganzes Leben reichen, und ich könnte es vererben an meine Nachkommen, und es würde immer noch reichen.

Ein Quell, der nie versiegt, ein Jungbrunnen, der ewige Jugend verspricht, ein Stillstehen in der Zeit, die Zeiger der Uhr festhalten. Ewigkeit könnte in jeder Sekunde sein, jeder Augenblick des Lebens wäre es wert, unendlich lange festgehalten zu werden.

Doch alles Leben muss sich einem zeitlichen Ablauf unterordnen. Ein Tag teilt sich zur Hälfte in Helligkeit und Dunkelheit. Warum eigentlich? Ich könnte doch genauso behaupten, dass sich die Tage ablösen, in ständigem Wechsel: ein Tag ist hell, der andere dunkel.

Die Einteilung meiner Tage in Stunden wäre dann eben anders: mein Tag hätte nur zwölf Stunden.

Oder ich lasse ihm seine 24 Stunden, und setze fest,

dass dreißig Minuten eine ganze Stunde ausfüllen. Genauso wären dann dreißig Sekunden eine Minute, und eine halbe Sekunde hätte den Wert einer ganzen. Ich hätte dadurch die Zeit halbiert und könnte dann doppelt so alt werden.

Die Einteilung der Zeit ist eine Erfindung des Menschen. Für eine Fliege fühlt sich das Leben mit all seinen Ereignissen von der Geburt bis zum Tod wahrscheinlich genauso lang an, wie unser Menschenleben. Und trotzdem erscheint es uns kurz.

Ein Baum zum Beispiel, wenn er ein Zeitgefühl hätte, betrachtete unser Menschenleben so, wie wir das der Fliege: es schiene ihm äußerst kurz bemessen an seinem langen Leben.

Das Empfinden von Zeiträumen ist also relativ, geprägt von der inneren Uhr des jeweiligen Lebens.

Ein Zwanzigjähriger fürchtet sich sehr viel mehr davor, zu sterben, als ein Siebzigjähriger. Warum? Unser Leben scheint darauf ausgerichtet, einen vorbestimmten Plan zu erfüllen. Erst wenn die gestellte Aufgabe vollbracht ist, lässt die Intensität des Überlebenswunsches nach. Und erst dann verringert sich wohl auch die Angst und der Tod verliert seinen Schrecken.

Angst entsteht in uns nach vorgefertigtem Muster, durch eine chemische Reaktion in unserem Gehirn. Wird sie durch äußeren Einfluss ausgelöst, oder entsteht sie etwa von selbst? Unser Wesen benötigt die Angst, schlicht und einfach deshalb, weil sie uns und unser Leben schützen soll, uns abhalten soll vor Taten, die zu riskant erscheinen für unser Überleben. Wenn aber unser Leben gesichert ist, und auf lange Zeit überhaupt nicht bedroht war? Könnte da nicht ein Vakuum entstanden sein, dort, wo Angst produziert wird in unserem Kopf?

Vielleicht haben sich deshalb die Vorgänge verdreht und jetzt entsteht plötzlich die Angst zuerst, ohne Einwirkung von außen. Dann wäre sie also da, würde unseren Körper durchströmen und wir wüssten nicht, welchem äußeren Anlass wir sie zuordnen sollten. Diesen müssten wir uns selbst suchen, um die Vorgänge in unserem Gehirn wieder ins rechte Lot zu bringen.

Woher sollen wir denn in unserer sicheren Umwelt eine Todesbedrohung hernehmen? Wir projizieren unsere freigewordenen Ängste auf einen Weltuntergang, auf einen Atomkrieg, der uns allen das Leben kostet, auf die Gefahr von Atomkraftwerken, auf die Vergiftung unserer Umwelt, auf eine drohende Seuche. Wir suchen nach Katastrophen, die es gar nicht gibt, und stellen sie uns in den düstersten Farben vor. Immer größer, und schlimmer und verheerender müssen sie sein, denn die Angst in uns muss gesättigt werden. Es muss glaubhaft und plausibel sein, was wir da an Gemälden des Grauens entwerfen, damit die Angst sich auch wirklich darauf konzentriert.

Unsere Aggressionen entstehen vielleicht auf die gleiche Art, von selbst, dem Ur-Instinkt folgend. Doch da haben wir genügend Möglichkeiten gefunden, sie abzureagieren, sie abzulassen: wir haben Spiele eingeführt, die diesem Zweck dienen, - natürlich ohne dass es uns bewusst ist. Doch unsere innere Angst ist um vieles größer, und sie kann in einem Fußballspiel nicht abreagiert werden.

Welche Möglichkeiten hätten wir, uns in Angst und Schrecken zu versetzen? Wir könnten uns dazu zwingen, in regelmäßigen Abständen Gruselfilme anzusehen, oder wir könnten Folterkammern einrichten und dort grauenvolle Torturen über uns ergehen lassen, oder wir könnten eine riesige Feuerwand entfachen und sie durch den Wind auf eine Großstadt zutreiben lassen, oder wir könnten im Fernsehen Filme zeigen von der grausamen Vernichtung im Zweiten Weltkrieg, oder wir könnten Berichte drucken über die Zerstörungswucht der neuen Superwaffen, mit farbigen Abbildungen der Raketen und eindrucksvollen Gemälden der theoretisch zerstörten Städte.

Wir könnten uns vorstellen, dass die Erde auseinander bricht und in die Weite des Weltalls davon treibt, oder wir könnten an anderen Lebewesen die Chemikalien ausprobieren, die wir im täglichen Haushalt benutzen, und darüber erschaudern, wie sie daran zu Grunde gehen. Wir könnten in bunten Filmen uns die totale Vernichtung der Bewohner in der Nähe eines Atomkraftwerkes ansehen, oder alte Filmberichte von den verbrannten Leibern der Menschen in Hiroshima. Wir könnten Filme sehen über den Bau von Atombunkern und uns darüber informieren, wo und wie lange wir im Ernstfall unter der Erde bleiben müssen, oder wir könnten uns vielleicht gleich Originalaufnahmen anschauen, die während einer Atombombenexplosion im Umfeld aufgenommen wurden.

Wenn das nicht ausreicht, dann könnten wir vielleicht Filme drehen, mit Spielhandlungen, und darin Katastrophen noch ungeahnten Ausmaßes erfinden und realisieren.

Man müsste dazu nur jeweils sagen, dass dieses Vorhaben nur einem Zweck dient, nämlich der Abreaktion und Beseitigung von Angst. Denn sonst würde man vielleicht gerade dadurch Angst erzeugen?!

Halt! Nein. Verkehrt! Man darf natürlich nicht sagen, welchem Zweck es dient, denn nach meiner Theorie müssen wir natürlich erst einmal an all diese Katastrophen glauben, die wir uns da vor Augen führen, denn sonst wäre das Gefühl der Angst nicht echt, und das Ablassventil würde nicht funktionieren. So ist das also!

Ich spüre, wie die Angst aus meinem Körper entweicht, denn sie fühlt sich durchschaut. Sie schwebt davon und hinterlässt mich in einem Gefühl der Erleichterung. Es ist mir, als hätte ich eine große Bürde verloren. Ich brauche mich nicht mehr vertiefen in irgendwelche Katastrophen, egal ob sie überzeugend oder weniger überzeugend aufbereitet sind.

Mein Glaube daran ist erloschen. Die Meldungen können mich nicht mehr erschrecken, seitdem ich weiß, dass sie nur der Befriedigung menschlicher Angstbedürfnisse dienen. Ich bin ein freier Mensch, in einer neuen Zeit, der erste vielleicht, dem es gelungen ist, den vorbestimmten Bauplan seines Gehirns zu überlisten und die Angst mit ihrer Wurzel, der Ur-Angst, aus dem Gesamtgefüge herauszureißen.

Nur eine kleine Wunde bleibt zurück. Ich kann sie sehen, obwohl sie in mir ist, weit drinnen in meinem Kopf. Meine Augen haben sich nach innen gekehrt. Mein Bewusstsein durchwandert die Stadien meines menschlichen Seins. Manchmal durchzuckt ein stechender Schmerz meinen Kopf, fast wie der Einstich einer Stecknadel. Genau an der Stelle, von der er ausgeht, befindet sich die Wunde, welche die entflohene Angst in mir hinterlassen hat. Es ist mir gelungen, tief in meine Welt einzudringen, gleichsam wie eine Reise zum Mittelpunkt der Erde. Das dichte Gestrüpp meiner Gedankenmechanismen umwuchert mich, streichelt mich dabei sanft und schiebt mich vorwärts. Ich fühle mich losgetrennt von meiner Außenwelt und empfinde ein wohliges, warmes Behütetsein, in einer Umgebung von völliger Stille.

Langsam gleite ich durch die Gehirnwindungen und versuche zwischen schillernden Farbpunkten und gleichförmig pulsierenden Nervensträngen verschiedene Stationen meines Denkens zu lokalisieren, bewusste Phasen meines Seins zu identifizieren.

Mein Denken vollzieht sich nicht mehr verbal, sondern gänzlich ohne Sprache in Farben und Bildern. Die Eindrücke, die ich mit meinen Sinnen wahrnehme, reifen zu Erkenntnissen. Alles fließt ineinander, und doch birgt jede Bewegung, jede Verschmelzung, jede Veränderung von Form und Farbe ein eigenes Geheimnis, das sich vor mir auftut. Es ist, als ob die entwichene Angst ein Vakuum hätte entstehen lassen, durch das mein Bewusstsein unabänderlich hineingezogen wird in die verschlüsselten Keimzellen meiner Gedanken.

Manchmal durchzuckt wieder der stechende Schmerz das ganze Gebäude meiner Verinnerlichung und lähmt für kurze Zeit den Fortgang meiner Empfindungen. Mit ganzer Kraft verhindere ich ein Erwachen und erzwinge jedes Mal erfolgreich die Rückkehr in die phantastische Welt meines Denkens.

Die Geschehnisse des heutigen Tages haben mich herausgerissen aus dem normalen, geregelten Ablauf meines

Lebens. Es ist, als hätte eine Reorganisation meiner Gedanken stattgefunden, eine Inventur des Bestehenden und eine Findung neuer Zielsetzungen für die Zukunft.

Auf meiner Wanderung gelange ich an einen Platz, der einer aufgewühlten Baustelle gleicht. Bei näherem Hinsehen erkenne ich ein Konglomerat von Ideen, Meinungen, Eindrücken, Erlebnissen, von halbfertigen Gedanken oder Gedankengängen, die nicht zu Ende gedacht wurden.

Dort wird noch immer darüber diskutiert, ob mein Berufskollege, den ich nach dem Frühstück sitzen ließ, auftauchen und mich zur Rede stellen würde, und was dagegen zu tun sei.

An anderer Stelle denkt man über das Verhungern nach, insbesondere über die geistige Variante dieses Begriffes. Ganz in der Nähe erkenne ich meine Gedankengänge über das Bestreben, ein Leben in Sicherheit zu verbringen.

Jedes Mal benötige ich unzählige Worte, um den gespeicherten Inhalt dieser verschiedenen Stellen zu erklären. Dabei überträgt sich der gesamte Komplex ohne eine sprachliche Bindung jeweils sofort auf mein Verständnis. Es sind farbenprächtige, teils brodelnde, teils ölig, gallertartige Flüssigkeiten, die sich zu bestimmten Gebilden geformt haben und dadurch scheinbar einen Impuls an mein Bewusstsein abgeben, der den gesamten Problemkreis enthält.

Es gelingt mir zum Beispiel, in einigen Sekunden die gesamten Geschehnisse dieses Tages einschließlich aller meiner Gedanken zu überblicken und an mir vorbeiziehen zu lassen. Jede meiner Handlungen ist gespeichert worden und bis ins kleinste Detail vorhanden, genauso wie auch der verrückteste und abwegigste Gedankengang ein Teil meines

Gehirns wurde.

Ich sehe mich mit dem nassen Bierdeckel die verwegenen Spiralkreise ziehen, und ich denke noch einmal darüber nach, wie man der quasselnden Chefin den Mund vernähen könnte, um sie zum Schweigen zu bringen.

Ich sehe das Gesicht der alten Dame sich verjüngen, und sehe plötzlich die junge Anke vor mir, wie sie sich verwandelt in das Gesicht der alten Dame. Die Speicherinhalte lassen sich in Blitzesschnelle miteinander koppeln, sich vermengen und vermischen, ganz nach Belieben.

Es berührt mich seltsam, wenn ich mir vorstelle, dass alle diese Kombinationen nun ihrerseits womöglich auch wieder gespeichert werden, und hernach genauso abrufbereit sein sollten. Dadurch entgleitet mir eine gewisse Übersicht, ein gewisses Ordnungsprinzip, welches von mir verlangte, dass ich die Dinge nacheinander betrachtete.

Der Arbeiter besprüht mit seinem Wasserschlauch das Gesicht des geschminkten Mädchens, wodurch die Schminke in klobigen Farbklumpen nach unten tropft.

Die psychosomatische Erkrankung unserer Wirtschaft stellt sich mir plötzlich als Folge der Glasbetonbauten dar.

Das Generationsproblem verbindet sich in einer seltsamen Symbiose mit meiner Einsamkeit.

Die Millionen Welten der Menschen verwandeln sich plötzlich in Millionen von blauen Ansteckherzchen mit der Aufschrift PPB.

Ein Ehepaar wird gezwungen, die Ehe fortzusetzen, weil die Mädchen ein Feuerzeug benötigen für ihre Zigaretten.

Irgendetwas lässt mich plötzlich an eine Irrenanstalt

denken. Genau! Auch dafür liegt bereits eine Speicherung vor: nur der dumme Schelm kann glücklich sein, - und Glück ließe sich finden, wenn die ganze Welt in ein einziges Irrenhaus verwandelt würde.

Ich erkenne die Macht meiner Gedankenströme und gelange zur Überzeugung, dass eine starke, ordnende Kraft notwendig sein muss, um sie zu bändigen. Mir selbst, in meinem augenblicklichen Stadium, können sie nichts anhaben, denn ich bin nicht der, der ich sonst bin, sondern ein Zweiter, der in den Mechanismus des Ersten eingedrungen ist.

Die aufgewühlten, brodelnden Speicherkapazitäten, welche der heutige Tag mehr in Aufruhr versetzt hat als viele andere Tage des Jahres, müssen Neuland verarbeiten und werden, wenn sie damit fertig sind, vielleicht Einfluss nehmen auf verschiedene Handlungsweisen meines gesamten Organismus. Ich erhalte dadurch die Chance, mein Leben zu ändern, die Abläufe meines Alltages in andere Bahnen zu lenken.

Es scheint mir empfehlenswert für alle Menschen, manchmal den geregelten Lebensweg zu unterbrechen und eine Bestandsaufnahme durchzuführen. Die Befehlszentrale unseres Handelns soll von Zeit zu Zeit die Möglichkeit erhalten, die Resultate ihres Tuns zu überprüfen und neue Richtlinien festzulegen.

Dabei muss jenseits aller Norm jeder Gedanke erlaubt und der phantasievolle Spielraum des Gehirns grenzenlos sein. Es ist eine wunderbare Möglichkeit, die eigene Welt zu entdecken und aus ihren vielseitigen Tiefen neue Kraft zu schöpfen für das reale, an die Zeit gebundene Leben.

Meine Wanderung durch mein eigenes Ich lässt mich ahnen, dass Leben auch in anderen Ebenen als der auf unserem Zeitbegriff basierenden stattfindet. Die bis ins Detail gespeicherten Erlebnisse und Erfahrungen unseres zeitgebundenen Lebens existieren nicht nur als leblose Bilder in unserem Gehirn. Sie sind zu jeder Zeit abrufbar, mehr noch: sie leben in sich und für sich weiter.

Ein begonnener Gedanke mit all seinen Schlussfolgerungen und Neuanfängen bleibt haften und bewegt sich regelmäßig auf der vorgegebenen Bahn. Der Rückruf eines Erlebnisses lässt mich bis ins Detail zurückblicken in eine für mich vergangene Zeit, und doch ersteht sie vor mir, als wäre sie Gegenwart.

Unser ganzes Leben, mit allen Einzelheiten in unserem realen Erfahrungsbereich und mit allen gedanklichen Vorgängen bis zu unseren Gefühlen und Sehnsüchten, ist ständig wiedererlebbar, abrufbar und auch in Querverbindungen zueinander denkbar. Nur durch die Tätigkeit unseres Gehirns nehmen wir die Welt in uns auf. Wenn also unser Gehirn einen Abschnitt dieser Welt wieder vorspielt, wie einen Film, dann heißt es doch für uns, dass wir dieses Stück Leben noch einmal leben, ohne die Bindung durch die Zeit.

Unser Geist ermöglicht ein ständiges Wandern durch vergangene Zeiträume, - nicht aber durch zukünftige. Zukunftsvisionen sind Reproduktionen von bereits Erlebtem, durch gedankliche Querverbindungen vermischt, verändert, verstümmelt und mit Phantasie angereichert und ausgeschmückt. Gerne würden wir in die Zukunft schauen, und manchmal gaukelt uns der intensive Wunsch die Tat vor.

Aber es bleibt Phantasie-Spiel.

Die brodelnde, quirlend bunte Schicht vor mir lässt mich noch tiefer und schneller in mir bisher völlig fremde Gedankengänge vordringen und die Artikulierung dieser durch die Sprache wird immer schwieriger.

Ich erkenne, dass geistiges Leben ständig stattfindet, völlig unabhängig vom Ablauf der Zeit und noch dazu gleichzeitig, immer den ganzen Gesamtbereich des Erlebten umfassend.

Dies ist für unser Bewusstsein schwer zu verstehen, denn wir sind gewohnt, in unseren engen Zeiträumen zu denken.

Alles, was in uns ist und was uns umgibt, ist gebunden an die Zeit, an den Augenblick, in dem es geschieht, und an den Augenblick danach, in dem es schon wieder Vergangenheit wird.

Der Geist lebt im gesamten Raum der Zeit, die bis zum augenblicklichen Moment gespeichert wurde. Jede Sekunde bereichert sein Leben, lässt den Umfang seiner und damit auch meiner Welt größer werden.

Wenn ich einen bestimmten Abschnitt meines Lebens zurückrufe und ihn vor meinen geistigen Auge noch einmal erlebe, dann glaube ich, die Welt zu sehen, so, wie sie damals war.

Ich sehe meine Mitmenschen von damals, die Häuser, die Autos, die Gegenstände. Und trotzdem existieren sie nicht mehr wirklich, sondern nur in mir, in meiner Welt.

Haben sie denn überhaupt jemals existiert? Sind sie denn wirklich einmal Realität gewesen, oder waren sie auch damals schon nur Bestandteil meiner eigenen Welt, produziert durch mein Gehirn?

Irgendetwas muss den Vorgang der Speicherung ausgelöst haben; meine ganze Welt kann nicht nur aus Phantasie entstanden sein. Also waren die Dinge, die mich umga-
ben, wirklich da, und auch meine Gedanken von damals
waren Wirklichkeit, so, wie sie jetzt neue Wirklichkeit werden.

Nur, - die Dinge bildeten sich in mir so ab, wie mein
Gehirn sie abzubilden vermochte. In den Gehirnen anderer
Menschen mögen sie sich anders eingeprägt haben. Daher
weichen auch die Rückerinnerungen verschiedener Menschen an einen gemeinsamen Lebensabschnitt meistens sehr
voneinander ab.

Wahrscheinlich ist auch die Abbildungsfähigkeit unseres Gehirns beeinflusst durch Querverbindungen, die entstehen durch ähnliche Erlebnisse oder Ereignisse. Wir leben in
unseren eigenen Welten, und sie vergrößern sich, und ver-
härten sich, je älter wir werden.

Fast scheint es mir, als müsse der Geist über den Körper triumphieren, wenn genügend Leben in ihm gespeichert
ist, als hätte er kein Verlangen mehr, weiterhin den Körper
zu benutzen.

Vielleicht benötigt der Geist den Körper nur zur
Sammlung von Lebensinhalten, um dann später völlig auf
sich gestellt ein zeitloses, in unserem körperlichen Sinn e-
wiges Leben zu führen?

Je tiefer ich in die brodelnde Masse meines Gehirns
eintauche und je intensiver ich mich mit den auf mich
einstürmenden Gedankenströmen beschäftigte, umso mehr
verliere ich mein Gleichgewicht, die ordnende Kraft meines

Bewusstseins.

Ich fürchte, wahnsinnig zu werden, unwiederbringlich davon zu gleiten in eine irreale Welt, die keine Ruhe kennt und ständig andere Stellen meines empfindlichen Denkens durchbohrt.

Das Stechen in meinem Kopf wird wieder spürbar, und ein dumpfes Dröhnen pocht von außen an die Knochen.

Ich verlasse den aufgewühlten Bauplatz, nähere mich dem Rand des brodelnden Farbtümpels. Wie Fangarme schwappen die Wellen nach mir, haften teilweise mit ihrer klebrigen Masse an meinen Beinen. Ich spüre, wie ich erstarre, wie meine Glieder steif werden.

Ein juckendes Prickeln läuft durch meine Adern und der zähe Teig um mich herum beginnt zu zucken und zu vibrieren. Plötzlich schmerzen meine Haarwurzeln und mein ganzer Kopf gerät in seltsame Schlingerbewegungen.

„Wachen Sie auf!" schreit einer. „Schlafen ist hier im Restaurant verboten." Er hat die Hand auf meinen Kopf gelegt und schüttelt mich.

Ich richte mich langsam auf, bemerke, dass ich vornüber gebeugt auf der Tischplatte gelegen hatte; meine Arme dienten als Kopfkissen.

Mein Gesicht fühlt sich total zerknautscht an. Ich muss wie ein zerquetschter Gummi-Elefant aussehen! Langsam sehe ich klar, - und erkenne den unsympathischen Herrn von der Registrierkasse.

„Habe ich geschlafen?" frage ich erstaunt. Es ist eine Schutzreaktion. Natürlich habe ich geschlafen.

Der andere antwortet nicht, blickt mich nur böse an.

„Wie lange habe ich denn geschlafen?"

„Schon eine ganze Weile", krächzt er mürrisch. „Die anderen Gäste haben sich schon beschwert. Wenn Sie müde sind, gehen Sie nach Hause!" Er wendet sich ab und geht weg. Dabei nimmt er mein offensichtlich leeres Bierglas mit sich fort.

Etwas unsicher und hilflos schaue ich durch das Lokal, beobachte die anderen Leute. Es ist mir peinlich. Doch die anderen blicken mich nicht an, nehmen keine Notiz von mir. Wahrscheinlich wollen sie mich nicht noch mehr verunsichern, wissen, dass es mir peinlich ist. Oder vielleicht interessiert es sie überhaupt nicht, ob ich geschlafen habe, oder nicht. Ich versuche zu rekonstruieren, wann ich denn eingeschlafen sein könnte, und welches meine letzten Gedanken waren. Wie viel Bier habe ich denn getrunken?

Mir brummt der Schädel. Seitlich an der Schläfe sticht es. Ich greife hin und bemerke eine Einbuchtung in der Haut. Ich rätsle, woher diese kommen könnte, und gelange letztlich zu dem Schluss, dass meine Armbanduhr sich in die Haut gebohrt haben muss, als ich auf ihr schlief.

Meine Gedanken kreisen und völlig unsinnige Bilder flackern vor meinem geistigen Auge auf. Ich sehe einen grünen Hügel, draußen auf der Straße, und Menschen drum herum. Ich weiß nicht, was ich damit anfangen soll. Ich erinnere mich, dass mir die Chefin ein Bier zugeworfen hat, und sehe, wie es auf mich zuschwebt.

Völliger Wahnsinn! Dann springt jemand durch die Fensterscheibe neben mir, und in nächsten Moment sehe ich die Chefin an einem Glassplitter lutschen. Es wird Zeit, dass ich zurückfinde aus meinen Träumen. Langsam werden die Momente der Rückerinnerung kürzer, und mein gegenwärtiger Zustand gewinnt die Oberhand.

Ich fühle mich benommen, irgendwie zerquetscht, äußerlich und auch innerlich. Vorsichtig dehne und strecke ich mich, höre, wie meine Knochen dabei knacken.

Jetzt spüre ich plötzlich ein trockenes Gefühl in meinem Rachen. Es setzt sich fort bis tief hinein in meinen Körper. Fast meine ich, dass alles in mir wie mit Klebstoff verkleistert ist.

Meine Lebenskräfte kehren wieder zurück bei dem Gedanken, Flüssigkeit mit kräftigen Schlücken in das abscheulich vertrocknete Innere fließen zu lassen. Ich kann nicht feststellen, wie viel Bier ich schon getrunken habe, aber auf dieses eine, welches ich mir jetzt noch holen will, wird es nun auch nicht mehr ankommen.

ZWÖLFTES BIER

Ziemlich taumelig und benommen stehe ich neben meinem Tisch. Langsam setze ich mich in Bewegung. Von Schweben kann überhaupt keine Rede mehr sein. Schwer und ungelenkig plumpsen die Füße bei jedem Schritt auf den Boden. Doch langsam bekomme ich alles wieder unter Kontrolle und gelange unbeschadet bis an die Theke.

Die blonde Chefin nähert sich von hinten aus der Küche, baut sich vor mir auf: „Na, möchten Sie einen Kaffee?"

Es schüttelt mich. „Nein", antworte ich rasch. „Bitte nicht. Lieber noch ein Bier." Ich suche nach Kleingeld in meiner Geldtasche.

„Wie Sie meinen", säuselt die Chefin schnippisch und geht an den Zapfhahn.

Ich finde eine Münze, nehme sie heraus und spiele damit in der Hand. Dabei fällt mir ein, dass ich das letzte Mal, als ich Bier holte, die Münze durch die Luft geschleudert hatte, und sie wie ein Schmetterling auf die Chefin zugeflogen war. Hatte ich das nun geträumt, oder hatte ich es wirklich erlebt? Soll ich versuchen, ob es mir wieder gelingt?

Die Chefin schiebt mir das Bierglas herüber, ich rolle die Münze über die Theke und lasse sie dann allein weiterlaufen. Sie nimmt einen Bogen und plumpst in das Wasser des Abwaschbeckens.

„Oh, Entschuldigung", sage ich, suche gleichzeitig nach einer anderen Münze.

Die Chefin fischt die Münze aus dem Wasser heraus, nimmt sie zu sich. „Danke, lassen Sie nur, ich hab sie schon."

„Entschuldigung, - ich wollte wirklich nicht ... " Ich weiß nicht, was ich noch tun könnte, um den Ausdruck meines größten Bedauerns zu vermitteln.

„Macht doch nichts", sagt sie und lacht über das ganze Gesicht. „Wohl bekomms."

Ich glaube, sie lacht über mich, weil sie mir ansieht, dass ich betrunken bin. Ich möchte am liebsten mitlachen. Es belustigt mich, macht mich fröhlich. Ach, wie schön wäre es, wenn alle Menschen ständig betrunken wären!

Ich drehe mich ab, klemme das Bierglas fest in meine Hand. Da taucht in meinen Blickfeld plötzlich der Kassier auf. Seine Augenbrauen ziehen sich zusammen, er fixiert mich. „Prost", sage ich, und hebe das Glas.

„Wohl bekomms", zischt er zwischen den Zähnen hervor.

Ich setze das Bier an den Mund und trinke. Wunderbar, wie die erquickende Flüssigkeit die Trockenheit meines Körpers löscht. Gleichzeitig fühle ich meine Kräfte wieder erwachen und die Schläfrigkeit verfliegt. Ich sehe mich um und suche nach einem geeigneten Sitzplatz.

„Onkel, Onkel", ruft eine Kinderstimme und eine kleine Hand zupft an meiner Hose. Es ist ein kleines Mädchen mit süßen Zöpfchen. Es trägt ein grünes Kleid mit bunten Blumen darauf.

Ich beuge mich hinunter und ziehe sanft an einem der Zöpfe. „Na, Kleines, was ist denn mit dir los?"

„Luftballon, Luftballon", piepst die Kleine und zerrt mich mit sich fort. Ich gehe mit, bis zum Kassier, wohin mich die Kleine bugsiert hat.

„Haben Sie Luftballons?" frage ich. „Nicht für mich."
Ich lächle entschuldigend. „Für die Kleine da."

Er zieht einen dunkelroten Ballon heraus, oder besser
den Gummi, der dann ein Ballon werden soll, und gibt ihn
mir.

„Aufblasen, aufblasen", schreit die Kleine und hüpft
freudig auf und ab.

Ich hole tief Luft und setze das Gummistück an den
Mund. Eine kleine Luftblase entsteht. Mit einer Hand komme ich nun nicht mehr zurecht. Ich brauche auch die andere
dazu.

„Hier, halt mal das Bierglas", sage ich und reiche es
dem Mädchen. Sie nimmt es artig, hält es mit beiden Händ-
chen, wie einen großen Pokal.

Nun blase ich weiter, immer wieder, bis es ein schöner, großer Ballon wird. Er ist ganz prall gefüllt. Mir flim-
mert es vor den Augen, doch als ich mich wieder erholt habe, lese ich mit Staunen auf dem Ballon: ‚PPB'.

Doch noch ehe ich darüber nachdenken kann, hüpft
die Kleine an mir hoch und entwindet mir den Luftballon.
Sie wirft ihn vor sich her, läuft nach, fängt ihn wieder auf,
tollt damit herum. Wo ist denn mein Bier geblieben?

„Vielen Dank." Eine Frau spricht mich an. „Ich habe
ihr Bier hier an unseren Tisch gestellt, damit Angelika es
nicht verschüttet."

„Ach so, danke." Ich gehe zu dem Tisch, will das Glas
nehmen.

„Wollen Sie sich nicht setzen?" Die Frau huscht an
mir vorbei und nimmt Platz. Sie trägt ein dunkelblaues Kos-
tüm, könnte vielleicht dreißig sein.

„Bitte, gern." Ich setze mich und halte mich sofort an meinem Bierglas fest.

Die Frau wendet den Blick ab, schaut nach dem Kind. Ich blicke in die gleiche Richtung. Angelika tobt mit dem Ballon durch das Lokal.

„Haben Sie Kinder?" Sie lächelt mich an. Komisch, diese Frage hatte ich heute schon einmal an jemanden gestellt. Warum? In welchem Zusammenhang? Ich denke nach.

„Haben Sie auch Kinder?" Noch einmal fragt sie, weckt mich aus meinen Gedanken. Ich muss mich konzentrieren.

„Nix verstehen, Fremdarbeiter", rutscht es mir heraus. Jetzt weiß ich, wann ich diese Frage gestellt hatte, und an wen.

„Sie? Sie sind doch kein Fremdarbeiter."

„Nein, nein. Entschuldigung. Es ist mir nur so herausgerutscht. Ich habe an etwas anderes gedacht." Ich grinse verlegen in mich hinein. Das Mädchen kommt an unseren Tisch, legt den Luftballon ab, lacht glücklich.

Ich vergleiche die jugendlichen Züge mit dem Gesicht der Mutter. Erstaunlich, wie beide sich ähnlich sehen.

„Komm, trink deinen Saft aus. Wir müssen dann wieder gehen." Die Mutter hält dem Kind das Glas hin. Es trinkt, schaut dabei über den Rand des Glases auf mich. Ich lächle zurück.

„Wie alt ist sie denn?" frage ich.

„Fünf."

„Kommst bald zur Schule, was?"

Angelika setzt das Glas ab. „Ja, nächstes Jahr." Sie

schnappt nach dem Luftballon und tobt wieder davon.

Ich wende mich wieder an die Mutter: „Entschuldigen Sie. Wissen Sie, was diese Aufschrift bedeuten soll, auf dem Luftballon?"

„PPB?" Sie zuckt mit den Schultern. „Ich weiß nicht. Sie müssten das doch besser wissen. Sie tragen doch diese Anstecknadel, das Herzchen hier!" Sie deutet auf meine Brust.

„Ach ja, stimmt." Ich fasse hin, fühle mich irgendwie ertappt. „Vielleicht heißt es, vielleicht ..." Ich denke nach. Plötzlich kommt mir eine Idee: „Politiker-Parolen beenden!"

Die Mutter lacht. Auch sie hat sich Gedanken darüber gemacht. „Vielleicht heißt es: Pflaumen - Pudding backen."

Wir lachen beide über das ganze Gesicht. Eine Art von kindlicher Naivität befällt uns, bei der man nicht lange nachdenkt, ob sich etwas schickt, oder nicht. Es ist schön, wenn man gemeinsam lachen kann. Der Dame scheint es überhaupt sehr gut zu gefallen, denn sie dichtet weiter: „Peter – Pan –Bahn". Wieder lachen wir beide.

Jetzt bin ich wieder dran: „Polizei – Präsidium – blamieren."

Wieder ein Lachen. Dann wieder die Dame: „Pille pünktlich benutzen."

„Partei – Politik – blockieren." Langsam finde ich Gefallen an diesem Spiel. Ich hätte nicht gedacht, dass man aus drei Buchstaben soviel verschiedene Wortzusammenhänge bilden kann.

Angelika kommt an den Tisch. Der Ballon hat etwas Luft verloren. Ich muss noch einmal nachblasen. Während ich mit aller Kraft dem Innendruck des Ballons zu widerste-

hen versuche, bringt die Mutter einen neuen Vorschlag:
„Papa protzt beachtlich."

Da ich kurz lachen muss, vernachlässige ich den Druck meiner Atemluft. Im nächsten Moment zischt der Ballon davon, flattert krächzend durchs Lokal und verliert dabei seine ganze Luft.

Angelika und die Mutter sehen mein erschrockenes Gesicht und lachen über mich. Es klingt wie ein einziges Lachen; die Tochter vollführt die gleichen Bewegungen wie ihre Mutter. Seltsam, wie die Natur nicht nur das Aussehen des Menschen fortpflanzt, sondern auch Bewegungsabläufe, Gesten und Mimik.

„Wir müssen jetzt wirklich gehen", meint die Mutter, lacht dabei immer noch. „Angelika, hol deinen Luftballon. Papa kann ihn dir dann zu Hause wieder aufblasen." Sie trinkt den Rest in ihrem Glas aus und steht auf.

„Schade, dass Sie schon gehen müssen. Wir hätten sicher noch Spaß gehabt." Ich stehe auch auf, verneige mich irgendwie umständlich.

„Ja, ganz sicher. Wir sind leider schon verspätet. Wenn man mit Kindern unterwegs ist, braucht man immer länger, als man denkt, - Sie sehen ja."

Angelika kommt zurück. Sie hat den leeren Ballon gefunden. „Sag schön ‚Auf Wiedersehen' zu dem Onkel", meint die Dame. Das Mädchen verneigt sich, macht einen unbeholfenen Knicks: „Auf Wiedersehen."

Schnell löse ich die Anstecknadel von meiner Brust und beuge mich hinunter zu dem Mädchen. Ich hefte ihr das Herzchen ans Kleid. „Wenn du zu deinem Papa kommst, dann gibst du ihm den Luftballon und deutest dabei auf dein

Ansteckherzchen. Dann sagst du: „PPB - Papa puste bitte!"

„Danke!" Die Kleine freut sich. Die Mutter lacht über die neue Variante von PPB und verabschiedet sich. Beide verlassen das Restaurant.

Es ist mir, als hätte ich einen Besuch gehabt, zu Hause in meinem Wohnzimmer. Langsam sinke ich wieder in meine Gedanken zurück.

Das Lachen und das Herumalbern haben mir gut getan. Ich spüre, dass ich meine Lachmuskeln schon lange nicht mehr gebraucht habe, denn sie schmerzen jetzt ein wenig. Die Fröhlichkeit und die Ausgelassenheit haben meinen Körper wie eine kurze Dusche erfrischt und neu belebt.

Ich beschließe, das Rätsel von ‚PPB' nun endgültig zu lösen, bevor es eine echte gedankliche Belastung für mich wird.

Zuvor trinke ich noch einen kräftigen Schluck aus meinem Glas, und stelle dabei fest, dass es schon wieder leer geworden ist. Da der Durst mich aber immer noch quält, bleibt mir gar nichts anderes übrig, als noch ein Bier zu kaufen. Also stehe ich auf und begebe mich wieder an die Theke.

DREIZEHNTES BIER

Die Chefin wartet schon grinsend auf mich. „Na, noch ein Bier?"

„Ja, bitte. Es ist das letzte, ganz bestimmt!" Ich sage es mit vollem Ernst, und ich meine es auch so.

„Aber warum denn? Trinken Sie doch, so lange es Ihnen Spaß macht." Sie geht an den Zapfhahn.

„Und wenn ich dann Fensterscheiben einschlage, weil ich betrunken bin?"

„Sie doch nicht. Sie sind doch erwachsen. Sie halten schon was aus." Sie stellt mir das Glas hin.

„Na ja, man soll sich selbst nicht überschätzen." Ich bezahle und nehme das Glas. Schon will ich mich abwenden, da fällt mir wieder das ‚PPB' ein. „Sagen Sie, was heißt eigentlich ‚PPB'?"

„Pils - Pub - Britannia." Sie sagt es, als wäre es die einfachste Sache der Welt.

Ich bin erstaunt, will es nicht glauben. Ich hatte mir darunter immer irgendeinen Verein, oder eine Institution vorgestellt. Schließlich hatte ich das Ansteckherzchen wie einen Spendenaufruf angeboten bekommen, und dafür bezahlt.

„Aber weshalb verkauft dann das Mädchen die Ansteckherzen?" Ich bin mir sicher, dass ich alles noch einmal widerlegen kann.

„Das war die Evi, unsere Tochter. Die verdient sich damit nebenbei ein Taschengeld. Sie macht Werbung für unser Lokal nebenan: Pils – Pub - Britannia, PPB. Wir verkaufen auch T-Shirts, und Luftballons. Die gibt's gratis.

Wollen Sie einen?"

„Nein, danke." Mir fehlen die Worte. Ich wende mich ab und gehe durch das Restaurant schnell auf meinen Fensterplatz zu.

So kann man sich täuschen! Ein typisches Beispiel dafür, dass man viel zu oft große Wichtigkeit in nichtige Dinge hineininterpretiert.

Ich war mir ganz sicher, dass Anke etwas Wesentliches auf ihrem T-Shirt mit sich herumtragen würde, wie zum Beispiel ‚Patriotische-Protest-Bewegung', oder wenigstens den Namen einer Musikgruppe, wie ‚Peter-Purple-Band', oder so was. Nein, aus der Traum. ''Pils-Pub-Britannia' !

Ich setze mich auf meinen Platz. Die Tischplatte ist wieder schön blank gewischt. Ich stelle mein Glas auf einen Bierdeckel.

Die Nachmittagssonne wirft rötliche Strahlen über meinen Tisch. Der Tag neigt sich dem Ende zu. Eine ruhige, besinnliche Feierabend-Stimmung breitet sich aus. Mir ist, als hätte ich den ganzen Tag als Bauer den Acker bestellt, und säße nun bequem vor meinem Haus. Ich ruhe mich aus von der anstrengenden Arbeit des Tages und lasse die Geschehnisse noch einmal an mir vorüberziehen.

Der Vergleich mit der schweren Arbeit des Bauern scheint natürlich nicht berechtigt. Was habe ich an diesem Tag schon Nützliches getan! Oder etwa doch?

Der Vorstoß in das Innere meiner Gehirnwindungen kam einer Expedition gleich. Der spielerische Freilauf meiner Gedanken hat den harten Boden meines alltäglichen Seins ganz schön umgekrempelt und ihn wieder fruchtbar gemacht und empfänglich für Keimzellen der Veränderung in meinem festgefahrenen Weltbild. Dieser Freiraum war wieder einmal dringend notwendig, um die verstopften Leitungen meines Empfindens zu säubern und eine Neuordnung meiner Antriebe vorzunehmen. Das ungezwungene Flanieren der Gedanken auf allen nur denkbaren Ebenen, - mögen sie noch so verrückt sein - , scheint, in gewissen Zeitabständen, unabdingbar notwendig zu sein für die optimale Funktion des Gehirns.

Ein wenig Stolz durchfließt mich und ich empfinde Genugtuung darüber, dass dieser so sinnlos begonnene Tag nun in meiner Rückerinnerung sich leuchtend hervorheben wird unter vielen anderen nutzlos verbrachten Tagen.

Da bin ich mir ganz sicher, dass es so sein wird! Nach dem Tode meines Körpers wird der Geist vielleicht weiterleben, und er wird dann mit den Erfahrungen auskommen müssen, für ewige Zeiten, die er durch meinen Körper in sich aufgenommen hat.

Er kann dann vielleicht ständig dieses eine Leben vor sich ablaufen lassen, ohne zeitlichen Zusammenhang und in allen möglichen Querverbindungen, oder auch in unserem Zeitablauf chronologisch, wie er es möchte.

Vielleicht würde ich mir dann selbst Vorwürfe machen müssen, dass ich das Leben so einfältig und langweilig gestaltet habe, so abhängig von Zwängen und Normen. Nicht auszudenken, wenn ich mich etwa bis in alle Ewigkeit mit einem quälenden, alles vernichtenden Pessimismus herumschlagen müsste!

Wenn ich nie hinter die Dinge und hinein in die Mechanismen, welche sie bewegen, geschaut hätte! Ein gedanklich erfülltes Leben wird meinen Geist noch lange beflügeln und ihn für die Ewigkeit gut rüsten.

Ein Traum, den alle Menschen träumen: das Weiterleben nach dem Tod. Niemand kann darüber berichten, kein exakter Beweis liegt dafür vor. Der Wunsch, das eigene Leben fortzusetzen, stürzt uns in wahnwitzige Phantastereien und Hoffnungen. Genauso, wie wir in vielen Generationen nie den Sinn unseres Daseins herausgefunden haben, bleibt auch der Wunsch unerfüllt, das Weiterleben nach dem Tode bestätigt zu bekommen.

Eine dicke, undurchdringbare schwarze Wand steht vor unserer Geburt und nach unserem Tod. Die Wand umschließt uns und sperrt uns in das Gefängnis der Zeit. Unser Leben ist dem zeitlichen Ablauf unentrinnbar ausgeliefert.

Vielleicht liegt die Lösung unseres großen Daseins-Rätsels außerhalb der Zeit?! In einem Bereich, den wir mit unseren zeitgebundenen Gedankengängen nicht erfassen können? Weshalb ist Ewigkeit für unser Gehirn unvorstellbar, genauso wie Unendlichkeit? Etwa, weil wir selbst nur endlich sind?

Schon oft hat der Mensch versucht, ein Perpetuum Mobile zu erfinden, eine Maschine, die sich ständig bewegt, bis in die Ewigkeit, unendlich lang. Es ist der Wunsch, etwas zu schaffen, zu erschaffen, das sich bewegt, etwas, das lebt. Leben, welches sogar die Mauern der Zeit überwindet.

Sind es nicht ähnliche Gedanken, die auch ein Schöpfer der Menschen, des Lebens überhaupt, gedacht haben könnte? Wie schaffe ich Leben von langer Dauer, widerstandsfähig und den verschiedenen Veränderungen der Umwelt, die es umgibt, gewachsen?

Wenn ich ein Lebewesen erschaffe, und es auf die Welt stelle, wird es sich abnützen und vielfältigen Gefahren ausgesetzt sein. Ich müsste ständig darüber wachen, es schützen und im Notfall reparieren. Und wenn es den Anforderungen nicht standhält, und stirbt, müsste ich wieder ein neues Lebewesen schaffen. Ich müsste also eine Möglichkeit finden, das Leben sich selbst zu überlassen, eine widerstandsfähige Funktion schaffen, die imstande ist, sich ständig zu erneuern und sich den besten Überlebensbedingungen anzupassen.

Es müsste eine Auswahl stattfinden, eine Art Kontrollsystem müsste darüber wachen, dass nur die starken, in der jeweiligen Umweltsituation überlebensfähigen Merkmale und Eigenschaften bestehen bleiben. Die Auswahl müsste allein nach dem Prinzip des Überlebens erfolgen, der Wille zum Überleben müsste das Leitmotiv des ganzen Planes sein.

Soll ich diese Funktion einem einzigen Lebewesen mitgeben? Wenn es Gliedmaßen verliert, könnten sie wieder nachwachsen; alles, was in ihm ist, müsste sich von selbst wieder erneuern können.

Trotzdem scheint mir dieser Plan nicht optimal. Wie viel Menschen müsste ich zum Beispiel in die Welt setzen, um das Überleben zu garantieren? Sie könnten sich gegenseitig umbringen, oder eine Veränderung der Natur könnte die Erneuerung meines Einzelindividuums verhindern. Es wäre schlecht, gefährlich und unsinnig, die Kräfte der Erneuerung auf ein einziges Wesen zu beschränken. Außerdem: Erneuerung könnte immer nur in dem einmal eingegebenen Rahmen geschehen.

Es müsste ein Programm sein, das imstande ist, seine eigene Programmierung automatisch zu seinem Vorteil zu ändern. Dadurch könnte ein effektiver Fortbestand der Grundstruktur gewährleistet werden.

Oder ich lasse jeweils zwei Programme aufeinandertreffen und bilde aus den dauerhaftesten Bestandteilen ein neues Programm. Dadurch erhalte ich eine Kette der ständigen Erneuerung, denn das neu entstandene Programm wird sich wieder verbinden mit einem anderen, das auch neu entstanden ist. Und wieder bildet sich daraus eine Neuentwicklung, und diese trifft wieder auf ihresgleichen, und so fort.

Dies alles müsste ohne mein Zutun sozusagen automatisch ablaufen. Dann hätte ich eine Gewähr dafür, dauerhaftes und beständiges Leben geschaffen zu haben, welches auch gemäß seinem Leitmotiv ständig erfolgreich sich um ein Überleben bemühen würde.

Jedes Lebewesen erhält sein eigenes Programm, eine Inhaltsangabe seines gesamten Bauplanes. Nun muss ich nur noch eine Möglichkeit finden, wie ich die verschiedenen Baupläne miteinander in Verbindung bringen und die Umwandlung in ein neues Programm vornehmen kann.

Ich brauche meinen Gedankengang nicht mehr fortsetzen, denn ich weiß, wie es funktioniert: Geschlechtsverkehr, Zeugung, und Geburt eines neuen Lebewesens. Die Chromosomen liefern die Grundlage. Sie sind das menschliche Programm. Der einzig erkennbare Sinn unseres Seins ist die Fortpflanzung zum Zwecke des Überlebens. Wenn dieser Vorgang bewusst verstanden und durchlebt wird, füllt er den Menschen aus und macht ihn glücklich. Auch dieses Empfinden von Glück scheint als Antrieb für das Leben und seine Fortsetzung einprogrammiert zu sein.

Mein Weiterleben ist durch meine Nachkommenschaft gesichert, genauso wie ich Bestandteil meiner Vorfahren bin. Ich fühle mich plötzlich als Glied einer langen Kette von Leben, und es erfüllt mich mit Stolz und Glück, dass ich in diesem Augenblick, in meiner jetzigen, menschlichen Hülle, die ganze Verantwortung in mir trage für alle jene, die vor mir gelebt und unsere Lebenskette gebildet haben. Ich bin die lebende Personifizierung aller Programme, die vor meiner Menschwerdung existiert haben. Ich bin verpflichtet, die Kette fortzusetzen.

Es ist schön, zu wissen, dass man dem Tode entgehen kann. Mein Leben wird sich fortsetzen in dem meiner Nachkommen, so, wie es der gewaltige Bauplan des Lebens bestimmt hat. Dabei kann ich mein eigenes Weiterleben beobachten, es für eine gewisse Zeit sogar führen und lenken.

Ist das nicht fantastisch? Ich kann meine Kinder, die mein Leben in sich tragen, erziehen und beaufsichtigen, und wenn sie erwachsen sind, kann ich sehen, wie mein eigenes Leben gedeiht. Das Sterben wird mir leicht fallen, denn ich weiß, dass ich meinen Tod überlebe.

Ich muss an die Mutter von vorhin denken, und an das Kind, das ihr so ähnlich sah. Ganz offensichtlich stellt die Natur unter Beweis, wie sie das Leben, und die Fortsetzung von Leben handhabt. Und trotzdem gehen viele achtlos daran vorbei, empfinden nicht die tiefere Bedeutung, sondern lächeln höchstens über die in ihren Augen belustigende Ähnlichkeit zwischen Mutter und Kind.

Das Bier vor mir glitzert in der Abendsonne. Die Welt um mich herum ist schöner geworden. Ich liebe sie. Ich liebe alles, was mich umgibt und was auf mich einströmt. Mir ist, als hätte ich eine wunderbare Erleuchtung erfahren.

Langsam hebe ich das Bierglas an meine Lippen und trinke die glitzernde, durch die Sonne rötlichgelb leuchtende Flüssigkeit. Es ist, als ob ein Strom von Erkenntnis in mich hineinfließt. Die Sonnenstrahlen scheinen zu flackern, wie ein alles umschließendes Feuer.

Wie viele Probleme ließen sich vereinfachen und lösen, wenn die Menschen meine Erkenntnis über das Leben hätten. Wenn ich nur meine Welt, so, wie sie sich mir im Moment darstellt, anderen Menschen verständlich und plausibel mitteilen könnte! Wenn ich nur deren Welten mit meiner gleichsetzen könnte!

Die junge, geschminkte Dame, die an meinem Tisch saß, würde begreifen, dass ihre Sucht, sich herauszuputzen, auf die ganz natürliche Suche nach einem Partner zurückzuführen ist, einem Partner, mit dem sie die Baupläne des Lebens austauschen kann.

Das streitende Ehepaar würde erkennen, dass ihre gegenseitige Bindung nicht bloß ein Hemmnis für die eigene Entfaltung darstellt, sondern eine wesentliche Funktion zu erfüllen hat für den Sinn des Daseins.

Der alten Dame, die sich so aufmerksam mit mir beschäftigte, traue ich zu, dass sie meine Erkenntnis schon vor langer Zeit gewonnen hat. Vielleicht trug sie diese heimlich bei sich und gab sie nicht preis? Ich kann es ihr nicht verdenken, denn wenn ich mir vorstelle, dass ich der Schar junger Mädchen, die neben mir saßen, all dies hätte plausibel machen sollen, - - ich begreife, weshalb Menschen, die davon wissen, nicht darüber sprechen und sich anderen nicht zu erkennen geben.

Ich wüsste auch nicht, wie ich etwa Herrn Meissner oder der Chefin hier von meinem Glück berichten sollte. Sie würden mich belächeln und meine ganzen Anstrengungen als gutmütige Laune eines Betrunkenen abtun.

Dieser Tag war harte Arbeit für wich. Aber es hat sich gelohnt! Meine gedanklichen Anstrengungen haben mich erschöpft, aber sie haben mich auch sehr glücklich gemacht. Ich spüre das Ende meiner Kraft und bin bereit, meine Gedankenwerkzeuge zur Seite zu legen. Es wird Zeit, dass ich meinen Arbeitsplatz verlasse und mich zur Ruhe begebe. Ich trinke das Bier aus und stehe auf.

Langsam gehe ich nach vorne, auf die Theke zu. Ich habe das leere Glas mitgenommen, ganz gegen meine Gewohnheit. Wahrscheinlich nur deshalb, weil ich einen Schlusspunkt setzen und meinen Arbeitsplatz nicht in Unordnung hinterlassen will.

„Noch ein Bier?" Die Chefin hat mich schon bemerkt und knurrt mich an wie ein Kater.

„Nein, danke", sage ich bestimmt. „Es reicht. Ich muss gehen. Vielen Dank. Auf Wiedersehen." Ich wende mich zum Ausgang.

„Halt. Warten Sie doch!" Die Chefin hält mich zurück.

„Ja? Was ist? Hab ich was vergessen?"

„Nein, nein", sagt sie. „Kommen Sie, ich geb einen Schnaps aus!"

EIN SCHNAPS

„Einen Schnaps?" Ich bin ein bisschen durcheinander.

„Na ja, warum denn nicht? Als Abschluss!" Sie nickt mir auffordernd zu und greift nach der Schnapsflasche. Mit der anderen Hand fingert sie nach einem Glas.

„Also gut." Ich bleibe stehen. Vielleicht hat sie recht. Dieser Tag hat einen Abschluss verdient.

„Ich habe Sie beobachtet. Sie haben ganz schön Gehirnarbeit geleistet, was?" Sie strahlt mich an.

„Wieso? Was wissen Sie denn davon?"

„Na ja. Ein bisschen Menschenkenntnis hat man eben. Das bringt der Beruf so mit sich." Sie schiebt mir das Schnapsglas zu. „Also dann, Prost!"

„Prost!" Ich nehme es, setze es an und trinke es in einem Zug aus. Der Schnaps fließt feurig brennend durch meine Kehle.

„Sind Sie zu einem Ergebnis gekommen, mit ihrer Nachdenkerei?"

Ich setze das Glas ab. Der Schnaps kratzt mich im Hals und stört meine Stimmbänder. Ich räuspere mich, bevor ich sprechen kann. „Ich bin zu der Überzeugung gelangt, dass die Welt schön ist!"

„Ach so! Ist das alles? Das hätte ich Ihnen vorher auch schon sagen können! Da hätten Sie nicht den ganzen Tag lang darüber nachdenken müssen!" Sie lacht über das ganze Gesicht.

„Ja? Wirklich?" Ich lache auch. „Schauen Sie doch hinaus! Wie schön die Sonne untergeht!" Verträumt wendet sie sich dem Fenster zu.

Ich schaue auch hinaus auf die glutrote Sonne und ein Gefühl von wohliger Glückseligkeit durchströmt mich. Ich schwebe davon und werde eins mit dem dunkelroten Sonnenball.

Das Leben ist schön! Von heute an freue ich mich auf jeden neuen Tag!

*   *   *